本书由
中央高校建设世界一流大学（学科）
和特色发展引导专项资金
资助

中南财经政法大学“双一流”建设文库

区｜域｜发｜展｜系｜列｜

农民工职业选择与城市融入的代际差异

田艳平　著

中国财经出版传媒集团
中国财政经济出版社

图书在版编目（CIP）数据

农民工职业选择与城市融入的代际差异／田艳平著.--北京：中国财政经济出版社，2019.12
（中南财经政法大学“双一流”建设文库. 区域发展系列）
ISBN 978-7-5095-9371-4

Ⅰ.①农…　Ⅱ.①田…　Ⅲ.①民工－职业选择－研究－中国②民工－城市化－研究－中国　Ⅳ.①D669.2 ②D422.64

中国版本图书馆 CIP 数据核字（2019）第 246428 号

责任编辑：彭　波　　　　责任校对：胡永立
封面设计：陈宇琰

农民工职业选择与城市融入的代际差异
NONGMINGONG ZHIYE XUANZE YU CHENGSHI RONGRU DE DAIJI CHAYI
中国财政经济出版社 出版

URL：http：//www. cfeph. cn
E－mail：cfeph @ cfemg. cn

社址：北京市海淀区阜成路甲 28 号　邮政编码：100142
营销中心电话：010－88191537
北京财经印刷厂印装　各地新华书店经销
787×1092 毫米　16 开　8.25 印张　129 000 字
2019 年 12 月第 1 版　2019 年 12 月北京第 1 次印刷
定价：38.00 元
ISBN 978－7－5095－9371－4
（图书出现印装问题，本社负责调换）
本社质量投诉电话：010－88190744
打击盗版举报热线：010－88191661　QQ：2242791300

总 序

“中南财经政法大学‘双一流’建设文库”是中南财经政法大学组织出版的系列学术丛书，是学校“双一流”建设的特色项目和重要学术成果的展现。

中南财经政法大学源起于1948年以邓小平为第一书记的中共中央中原局在挺进中原、解放全中国的革命烽烟中创建的中原大学。1953年，以中原大学财经学院、政法学院为基础，荟萃中南地区多所高等院校的财经、政法系科与学术精英，成立中南财经学院和中南政法学院。之后学校历经湖北大学、湖北财经专科学校、湖北财经学院、复建中南政法学院、中南财经大学的发展时期。2000年5月26日，同根同源的中南财经大学与中南政法学院合并组建“中南财经政法大学”，成为一所财经、政法“强强联合”的人文社科类高校。2005年，学校入选国家“211工程”重点建设高校；2011年，学校入选国家“985工程优势学科创新平台”项目重点建设高校；2017年，学校入选世界一流大学和一流学科（简称“双一流”）建设高校。70年来，中南财经政法大学与新中国同呼吸、共命运，奋勇投身于中华民族从自强独立走向民主富强的复兴征程，参与缔造了新中国高等财经、政法教育从创立到繁荣的学科历史。

“板凳要坐十年冷，文章不写一句空”，作为一所传承红色基因的人文社科大学，中南财经政法大学将范文澜和潘梓年等前贤们坚守的马克思主义革命学风和严谨务实的学术品格内化为学术文化基因。学校继承优良学术传统，深入推进师德师风建设，改革完善人才引育机制，营造风清气正的学术氛围，为人才辈出提供良好的学术环境。入选“双一流”建设高校，是党和国家对学校70年办学历史、办学成就和办学特色的充分认可。“中南大”人不忘初心，牢记使命，以立德树人为根本，以“中国特色、世界一流”为核心，坚持内涵发展，“双一流”建设取得显著进步：学科体系不断健全，人才体系初步成型，师资队伍不断壮大，研究水平和创新能力不断提高，现代大学治理体系不断完善，国际交流合作优化升级，综合实力和核心竞争力显著提升，为在2048年建校百年时，实现主干学科跻身世界一流学科行列的发展愿景打下了坚实根基。

“当代中国正经历着我国历史上最为广泛而深刻的社会变革，也正在进行着人类历史上最为宏大而独特的实践创新”，“这是一个需要理论而且一定能够产生理论的时代，这是一个需要思想而且一定能够产生思想的时代”①。坚持和发展中国特色社会主义，统筹推进“五位一体”总体布局和协调推进“四个全面”战略布局，实现“两个一百年”奋斗目标、实现中华民族伟大复兴的中国梦，需要构建中国特色哲学社会科学体系。市场经济就是法治经济，法学和经济学是哲学社会科学的重要支撑学科，是新时代构建中国特色哲学社会科学体系的着力点、着重点。法学与经济学交叉融合成为哲学社会科学创新发展的重要动力，也为塑造中国学术自主性提供了重大机遇。学校坚持财经政法融通的办学定位和学科学术发展战略，“双一流”建设以来，以“法与经济学科群”为引领，以构建中国特色法学和经济学学科、学术、话语体系为己任，立足新时代中国特色社会主义伟大实践，发掘中国传统经济思想、法律文化智慧，提炼中国经济发展与法治实践经验，推动马克思主义法学和经济学中国化、现代化、国际化，产出了一批高质量的研究成果，“中南财经政法大学‘双一流’建设文库”即为其中部分学术成果的展现。

文库首批遴选、出版二百余册专著，以区域发展、长江经济带、“一带一路”、创新治理、中国经济发展、贸易冲突、全球治理、数字经济、文化传承、生态文明等十个主题系列呈现，通过问题导向、概念共享，探寻中华文明生生不息的内在复杂性与合理性，阐释新时代中国经济、法治成就与自信，展望人类命运共同体构建过程中所呈现的新生态体系，为解决全球经济、法治问题提供创新性思路和方案，进一步促进财经政法融合发展、范式更新。本文库的著者有德高望重的学科开拓者、奠基人，有风华正茂的学术带头人和领军人物，亦有崭露头角的青年一代，老中青学者秉持家国情怀，述学立论、建言献策，彰显“中南大”经世济民的学术底蕴和薪火相传的人才体系。放眼未来、走向世界，我们以习近平新时代中国特色社会主义思想为指导，砥砺前行，凝心聚

① 习近平：《在哲学社会科学工作座谈会上的讲话》，2016年5月17日。

力推进“双一流”加快建设、特色建设、高质量建设，开创“中南学派”，以中国理论、中国实践引领法学和经济学研究的国际前沿，为世界经济发展、法治建设做出卓越贡献。为此，我们将积极回应社会发展出现的新问题、新趋势，不断推出新的主题系列，以增强文库的开放性和丰富性。

“中南财经政法大学‘双一流’建设文库”的出版工作是一个系统工程，它的推进得到相关学院和出版单位的鼎力支持，学者们精益求精、数易其稿，付出极大辛劳。在此，我们向所有作者以及参与编纂工作的同志们致以诚挚的谢意！

因时间所囿，不妥之处还恳请广大读者和同行包涵、指正！

中南财经政法大学校长 杨灿明

前　言

代际间的“代差”是当今农民工群体最为显著的特征之一。老一代农民工因年龄、身体状况的原因开始逐渐退出城市就业市场，越来越多的新生代农民工开始进入城市，成为城市劳动力市场的主体。与老一代农民工相比，新生代农民工比较年轻，受教育程度较高，在外务工时间较短，身体健康状况较好，就业观念也不同，这就导致不同代际农民工具有明显不同的职业选择倾向、就业领域和职业类别。一般而言，为了满足生存需要和缓解生存压力而对经济目标的追求构成了农民工职业选择的本质意义，但是新生代农民工的行为导向已逐步由“生存理性”走向“发展理性”。党的十八届三中全会指出，要推进农业转移人口市民化，逐步把符合条件的农业转移人口转为城镇居民。农民工及其家庭成员在城市定居是促进其城市融入、实现市民化的重要一环。农民工的城市融入和市民化问题已受到学术界的广泛关注。

就业是农民工进入城市后的第一步，经济地位的获得是农民工融入城市的基础。只有当农民工寻找到了一份长期稳定的工作并具有比较雄厚的经济实力，才会更可能与城市居民进行互动，并真正地融入整个城市。因此，农民工要适应城市生活且为城市所接纳，最基本的是要解决其就业问题。在这样的背景下，研究农民工职业选择与城市融入及其影响因素的代际差异，了解不同代际农民工在进城务工各方面存在的不同需求，对于把握新生代农民工就业的变化趋势并做出相应的决策导向，提升其就业质量，进而促进其真正地融入城市生活，摆脱城市边缘人的身份地位，具有重要的理论与现实意义。

本书以农民工就业状况作为研究其城市融入的起点，首先探讨农民工初次及现职业选择的代际差异，并分别就其影响因素进行分析。其次，从就业的稳定性来看，我国农民工群体具有很大的职业流动性特征。为此，本书也对农民工职业流动及其影响因素的代际差异进行了比较研究。最后，农民工的经济地位与其职业状况联系密切，也是其城市融入的一个重要维度。本书也分析了不同代际农民工的职业选择、职业流动对其收入所产生的影响。在此基础上，本书进一步分析了农民工职业流动对城市融入及其影响因素的代际差异。

目　录

引　言

20世纪80年代以来，随着我国户籍管理制度的逐渐松动、工业化和城市化的发展，农村剩余劳动力大规模向城市转移。国家统计局网站数据显示，1983年我国农民工数量约200万人，而2013年这一数量已经增长到2.69亿人。一般来说，这种城乡迁移会分为两个阶段：一是从农村进入城市务工，即由农民转变为农民工的过程；二是农民工在城市实现定居、城市归属感增强，也就是农民工城市融入的过程。另外，随着时间的推移，农民工群体的年龄结构和行业职业特征也发生了一些变化。目前在外出务工的农民工中，新生代农民工（以1980年前后出生为界）[①] 的比重越来越大。国务院发展研究中心课题组2009年19省市百村调查显示，与2006年相比，第一代外出农民工由6247万人减少到5581万人，减少了666万人；新生代外出农民工由6933万人增长到8952万人，增加了2019万人（国务院发展研究中心课题组，2011）。为此，2010年中共中央、国务院发布的中央一号文件首次使用了“新生代农民工”的提法，并且要求有条件的城市采取针对性措施，着力解决新生代农民工进城落户问题。

广大农民工已经成为城市生活不可或缺的重要群体，为城市社会的快速发展做出了卓越贡献，但他们自身却被隔离在城市生活之外。正是由于这种身份与职业相分离的生存状况决定了农民工职业流动的频繁性。田艳平、杨云彦（2006）基于2005年武汉市流动人口调查数据的实证分析发现，在所调查的受访者中，没有转换过工作的只有15.48%，而转换过1次工作的占56.63%，转

① 笔者认为，以1980年为界对新生代农民工有两种不同界定，一种观点认为新生代农民工是指1980年及以后出生在农村、长大在农村，而后像老一代农民工一样到城市务工就业的群体；另一种观点认为新生代农民工是老一代农民工在城市工作生活期间，1980年及以后出生在城市、生活在城市、长大在城市的子女，他们仍具有农村户籍身份。这两个群体由于出生及生活的环境不同，其思想价值观念、行为方式等都有很大差异，以往有关研究并没有将这两个群体加以区分。本书关注的新生代农民工主要是1980年及以后出生在农村而后在城市务工就业的这一群体。

换过 2 次工作的占 20.92%，转换过 3 次工作的占 4.93%，转换 4 次及以上的占 2.04%[①]。由此可见，农民工职业的不稳定性不仅表现为这种“候鸟式”的城乡迁移，同时也具有明显在城市内部职业频繁发生变化的流动性特征。农民工这种在城市与农村之间，城市与城市之间或者同一城市内部的流动，可能是他们未能实现城市融入，成为真正市民的一个重要因素。而推动农民工市民化，吸纳更多的农民工融入城市，有助于我国“三农”问题的缓解，有助于提高我国城市消费潜力，也有助于社会的稳定与和谐。农民工要适应城市生活且为城市文化所接纳，最为基础的是其就业以及与其相联系的经济收入和社会地位，其中就业问题是衍生其他农民工问题的基础（张新岭、俞宪忠，2008），然而，当前新生代农民工普遍认为融入城市的首要障碍是没有满意的职业（高君，2008；刘传江，2010）。本书在这样的制度和现实背景下，探讨不同代际农民工不同的职业选择与职业流动状况对其城市融入会产生怎样的影响，从而通过为农民工提供必要的职业培训来促进其进行合理有序的职业选择和职业流动，进而促进其真正地融入城市生活。

第一节　研究目的与研究意义

职业选择是指劳动者按照自己的职业期望和兴趣，凭借自身能力挑选职业，使自身能力素质与职业需求特征相符合的过程（苗旭等，2005）。自 2003 年 9 月在我国工会第十四次全国代表大会上提出“农民工已经成为我国工人阶级的新成员和重要组成部分”以后，“农民工”开始逐渐融入我国社会经济发展中，成为城市就业者中的主力群体。农民工职业选择与城市其他就业者相比具有一定的相似性，也显示出其独特性：从农村到城市，农民工社会身份虽已经发生变化，但其农民户籍身份没有发生改变，与之相伴随的农民特征依然存在，且由于制度障碍、政策限制和明显的就业歧视，农民工就业的主渠道在非正规部门（田艳平、杨云彦，2006）。

农民工的职业选择不仅是一种现象，更是我国经济社会发展的一个投影。

① 田艳平，杨云彦．外来人口的职业流动与就业适应——以武汉市为例的实证研究［J］．西北人口，2006（5）：32.

作为农村劳动力转移到城市就业的一个群体，农民工职业选择关系到我国劳动力的供给、城市化的进程乃至社会经济的发展。就城市政府而言，其对待农民工的态度经历了从排斥到接受再到容纳的转变，目前着重需要解决的是如何使其更好地融入城市、促进其市民化（田艳平，2013）。十八届三中全会指出，要推进农业转移人口市民化，逐步把符合条件的农业转移人口转为城镇居民。农民工及其家庭成员在城市定居是促进其城市融入、实现市民化的重要一环。农民工的城市融入[①]和市民化问题已受到学术界的广泛关注。就业是农民工进入城市后的第一步，经济地位的获得是农民工融入城市的基础。只有当农民工寻找到了一份长期稳定的工作并具有比较雄厚的经济实力，才会更可能与城市居民进行互动，并真正地融入整个城市[②]。

诸多研究表明，与第一代农民工相比，新生代农民工出生和成长的时代背景不同，在文化、观念和行为上都有着明显差别，他们在选择所从事职业的倾向性、对未来工作的预期以及职业调整等方面也出现了差异（成艾华、姚上海，2005；黄祖辉、刘雅萍，2008）。在当前第一代农民工城市化进程逐渐中断、陆续返乡的情况下，研究农民工职业选择与城市融入及其影响因素的代际差异，了解不同代际农民工在进城务工各方面存在的不同需求，对于把握新生代农民工就业的变化趋势并做出相应的决策导向，提升其就业质量，进而促进其融入城市，摆脱城市边缘人的身份地位，具有重要的理论与现实意义。

第二节 相关研究进展

农民工是我国城市化过程中产生的一个特殊群体，其长期存在会制约我国经济社会的发展，也不利于社会的稳定，而加快农民工的城市融入对于推进我国城市化，以及促进我国经济社会的发展有着积极的作用。从经济发展角度看，将农民工纳入城市社会保障体系中，与城市居民享受同样的福利保障，改变其

① 学界对“融入”还是“融合”的概念也存在争议，一般认为前者是单向的，后者是双向的，参见：李树茁，任义科，靳小怡，费尔德曼．中国农民工的社会融合及其影响因素研究——基于社会网络的分析．人口与经济，2008（2）：1－8. 此外，还有“社会融入”“社会融合”“城市融合”等概念的区别，本书统一称之为“城市融入”。

② 杨菊华．从隔离、选择融入到融合：流动人口社会融入问题的理论思考．人口研究，2009（1）：24.

原有的生活方式、价值观念、消费习惯，不仅有利于其融入城市社会，也可以在很大程度上拉动居民内部消费，促进我国经济的快速持续发展。从社会稳定这个方面来看，农民工无法融入城市社会，长期处于波动和徘徊状态，就不可能会对城市产生归属感，当面对一些不公平待遇时，容易引发社会冲突，不利于城市的稳定和谐。

农民工是我国城市生活中不容忽视的一个群体阶层，农民工的职业变迁会对城市社会的构成产生连锁的变动效应，职业变迁特征是反映社会变迁方向的一个风向标。农民工通过资本积累实现职业上升，这种让该群体的能力得到更好的运用和释放的社会流动渠道，会对经济的发展起到很大的推动作用，在社会和市场中形成正确的激励结构，促进社会的发展。虽然绝大多数的农民工在刚进入城市社会时，大多进入的是次级劳动力市场，往往处于较为相似的比较低的社会阶层，也面临相同的社会制度和体制机制约束，但不能排除一部分农民工因自身在某些方面具有的较高素质和潜力，而具备善于利用资源和抓住市场机会的能力，并且通过自身不断的努力，进入初级劳动力市场从事中高端职业。尽管从制度层面上讲，这一小部分人仍属农民工范畴（拥有农村户口，在城市从事非农工作），但在职业上他们已经跨越了传统阶层间的隔离，提升了自身的经济社会地位。已有的关于农民工城市融入的研究，大多集中在对农民工城市融入的现状，影响农民工城市融入的因素（主要从人力资本和社会资本两个角度进行研究）等方面。而关于农民工职业选择和职业流动的研究，较多集中在对农民工初次职业流动的研究，以及由这种职业流动引起的农民工生活水平及生活方式的变化。已有研究较少关注农民工的再次职业流动，而从农民工再次职业流动的角度来探究农民工城市融入的研究更少。然而，探索农民工职业流动与城市融入之间存在的某种机制和联系，对于了解农民工城市融入的路径以及更好地推进农民工的市民化具有重要的意义。

一、农民工职业选择及其影响因素研究

在西方发达国家，劳动力转移是一个自然发生的过程。农村劳动力转移到城市后可以永久性地实现空间、职业乃至社会文明的转换（郎晓波，2009）。国外相关研究主要集中于城市化进程中所伴随的农村到城市的迁移就业问题。关于迁移人口的职业选择的研究认为，迁移本质是与就业相关的，因此有必要在

职业选择框架内来研究迁移，建立人口迁移模型（Somik V. Lall，Harris Selod and Zmarak Shalizi，2006），例如，Hans G. Bloemen（2005）建立了一个适于劳动力市场转型期职业选择的经验模型，用于分析失业者和在业者的职业选择行为。对于影响迁移人口职业选择的相关因素，一些研究指出，这既有个人的因素，也有社会的因素，还有家庭的因素。个人因素方面，如迁移前的教育投资（Kochar，2004）和迁移后的教育投资（Deborah Cobb – Clark 等，2005）可以促进移民的职业选择；而迁移人口的个人特征、基于地域信息形成的社会关系网也可以引导他们进入特定的职业与部门（Roberts，2001）；Magnus Lofstrom（2002）在研究美国移民自雇行为和劳动力市场同化中发现，受教育水平、迁移时间和迁移人口年龄段对职业分化有重要影响。社会因素方面，如因年轻的迁移人口有较长的生存期，迁移会带来正的预期收益，社会规则要求他们追求较好的生活（De Haan and Rogally，2002）；目的地同乡的汇集有利于就业而促进迁移发生（Mora and Taylor，2005）；而由于信息不完全，迁移人口在城里的工作选择主要依靠朋友、社会网络等非正规渠道（Banerjee and Bucci，1995），当来源于相同迁出地的社会网络较大时找工作就比较容易，同时也会因相互竞争而影响找工作（Yamauchi and Tanabe，2003）。Yaohui Zhao（1999）发现中国农村人口迁移就业决策还受到非经济因素的影响；Denise Hare（2002）通过分析中国农村迁移人口工作地的选择与工资收入的关系发现，预期收入并非工作地选择的唯一因素。家庭因素方面，如家庭决策会将年轻的家庭成员送往城市就业以获得潜在的汇款收入（Lucas and Stark，1985）。

国内关于农民工职业选择影响因素研究的文献主要集中在以人力资本为代表的个体因素方面。例如，Meng Xin 和 Zhang Junsen（2001）发现教育、职业培训等人力资本因素对农民工和本地居民选择同类职业存在不同影响；姚先国等（2006）发现文化程度、职业培训和年龄对农民工职业分层影响显著，城市工作经验对农民工职业选择具有普遍的积极作用。而丁越兰等（2007）发现受教育水平和健康状况对职业选择影响较大，年龄、性别、培训影响程度较小；高文书（2009）发现受教育程度高、接受过培训、在城市打工年限长的农民工，其从事的职业声望较高。这类文献以农民工整体为实证分析对象，没有引入代际差异视角。换言之，这类文献仍将农民工视为一个成长环境和生活逻辑相同的高度同质性群体，而没有意识到影响该群体职业选择的因素已存在代际差异。

在后续的研究中，有学者从理论上提出了农民工的成长环境和职业诉求[①]对两代农民工职业选择的不同影响，并通过一些调查数据进行实证分析。例如，在两代农民工的职业状况方面，杨国勇（2007）发现新生代农民工相对于老一代农民工正在由“亦工亦农向全职非农转变”。黄祖辉等（2008）发现新生代农民工更倾向于选择相对轻松的职业。任太增等（2008）发现新生代农民工已开始进入正规的劳动力市场。对于职业状况代际差异的影响因素，杨竹等（2009）指出，与老一代相比，新生代农民工在流动动机上和主观诉求上已经发生较大变化。张永丽等（2008）调查发现第一代农民工选择职业更注重收入，新生代农民工则追求是否有发展前途。周可等（2009）认为新生代农民工更期望优越的工作条件，更倾向于在城市生活。此外，悦中山等（2009）研究证实，非经济动机对新生代农民工影响显著，经济动机影响不明显。姚俊（2010）的研究认为，由于两代农民工生活逻辑不同，因此他们职业发展取向的影响因素也不同。陈昭玖等（2011）的研究也表明两代农民工就业特点发生了变化，并分析了影响新生代农民工就业稳定性的相关因素。

农民工职业状况及其影响因素的代际差异与其这两个群体基本特征存在的差异息息相关。尽管有关研究对新生代农民工的特点有些不同的看法，例如，杨菊华（2010）利用2005年全国1%人口抽样调查数据进行研究认为，新生代农民工基本特点与老一代几乎完全一致，如果说有差异，也只是生长在不同时期、具有不同人口学特点的两三代人存在的正常差异，但较多研究显示这两个群体还是存在较明显的差异。如刘传江等（2007）认为第二代农民工不仅是一个在社会经济特征和个人特征方面与第一代农民工有着诸多显著不同的流动群体，也是最有市民化意愿和亟须市民化的群体，其特征可归纳为“三高一低”，即“受教育程度高、职业期望值高、物质和精神享受要求高，工作耐受力低”。Wang Xingzhou（2008）发现“80后”农民工拥有更多人力资本，有职业规划，求职途径较多为市场和政府，关注自己的长远发展，职业稳定性较低；消费水平高，网民比例高，对社会的评价和认同度相对更高，但与老家的联系程度正在减弱。杜书云等（2008）通过实证分析表明，新生代农民工虽未摆脱农民工群体的总体特征，但与先辈相比，在就业、生活、素质和观念、要求等方面具有明显差异与特点。郎晓波（2009）认为新生代农民工不再像老一代农民工以

① 郎晓波（2009）提到两代农民工生活逻辑的改变体现在进城心态、城市认同及职业诉求三个方面，也就是说，就影响职业决策的角度而言，农民工生活逻辑的改变主要体现在职业诉求上。

生存赚钱为目的，而是以融入城市发展为目的。郭云涛（2010）用 Cox 比例风险模型表明，由于两代农民工就业的文化特征和外在环境不同，因此农民工非农初职间隔的影响因素呈现代际差异。钱雪飞（2010）用多元回归验证了两代农民工由于成长环境不同，因此收入影响因素也存在不同的假设。

综合上述文献分析可以看出，第一，代际间的“代差”是当今农民工群体最显著的特征之一。与老一代农民工相比，新生代农民工比较年轻，受教育程度较高，务工时间较少，身体健康状况较好，就业观念也不同，这就导致不同代际农民工具有明显不同的职业选择倾向、就业领域和职业类别。一般而言，为了满足生存需要和缓解生存压力而对经济目标的追求构成了农民工职业选择的本质意义，但是新生代农民工的行为导向已逐步由“生存理性”走向“发展理性”（刘成斌，2007）。第二，两代农民工职业选择影响因素存在代际差异。有关农民工职业选择影响因素及其代际差异的研究中，陈宪等（2009）认为劳动力市场分割和自身条件、政府服务水平和思想文化宗教等其他原因、信息灵敏性和就业岗位、家庭条件和工资待遇分别构成影响农民工就业的四个方面的主要因素。杜书云等（2008）分别从年龄、性别、技能培训、工作环境和劳动合同等因素对农民工就业代际差异的影响进行了分析。黄祖辉等（2008）分别从技能培训、工资收入、兼业性、社会保障以及未来就业的预期等方面来对两代农民工就业差异进行了实证研究。从已有关于农民工职业选择研究的文献来看，关注农民工职业选择影响因素代际差异的研究还不多，大多数研究还是集中在不同代际农民工职业特点、群体特征和就业心态的比较研究，而对不同代际农民工职业选择及决策深层影响因素的研究较少，因此有必要引入代际差异的视角，对农民工职业选择影响因素的代际差异进行深入研究。

二、农民工城市融入及其影响因素研究

在借鉴国外已有大量基于国际移民与社会融入研究的基础上，国内学者对我国农民工的城市融入进行了一些有益探索，许多研究从不同维度解读农民工的城市融入。例如，田凯（1995）提出了农民工城市融入的经济、社会、心理或文化三个维度。朱力（2002）进一步指出经济维度是立足基础，社会维度是城市生活的进一步要求，反映融入的广度；心理或文化维度属于精神上的，反映参与城市生活的深度，且农民工只有在这一维度融入后，才能说明其完全融

入了城市社会。因此农民工经济、社会、心理或文化三个维度的城市融入是依次递进的。杨菊华（2009）指出城市融入包括经济整合、文化接纳、行为适应和身份认同四个维度，且各维度间存在一定的递进，同时也相互交融、相互依存。以此为基础，学者们就农民工不同维度的城市融入度进行了实证分析。杜鹏等（2005）从生活、心理认同等方面对来京人口的社会融入度进行测量，结果显示其社会融入度较好，但要从心理上真正融入还需要一个过程。杨绪松等（2006）通过方言掌握程度、困难求助、居住情况及在城市受歧视程度分析深圳农民工的社会融入，发现其社会融入度不高，与当地居民处在相对隔离的状态。张文宏等（2008）通过探索性因子分析将城市社会融入归纳为文化、心理、身份及经济四个层面，实证分析发现上海新移民总体融入度偏低，但心理和身份融入较快，文化和经济融入相对较慢。王桂新等（2008）从经济、政治、公共权益、社会关系方面进行实证分析，认为上海外来农民工的社会融入状况有所改善，但是总体融入度不高。王佃利等（2011）通过列举经济、社会、制度和文化心理四个维度的部分指标分析山东省新生代农民工的城市融入，指出其四个维度的城市融入状况均较差。张蕾等（2013）通过因子分析将城市融入归纳为经济、行为和心理认同三个维度，并根据不同维度的融入水平进行组合，归纳出新生代农民工城市融入的三种类型，即隔离型、选择型和融入型。为衡量农民工的城市融入度，张振宇等（2013）从5个维度构建指标体系进行量化分析，结果表明，农民工城市融入度由高到低依次为思想文化观念、生活行为适应、心理身份认同、经济职业整合、城市社会体制，并就不同维度影响因素进行了具体分析，但其指标体系显得主观，研究也未对两代农民工进行区分。纪韶（2012）则依据相关研究，采用因子分析提取公因子的方法，从经济、社会和心理三个维度研究举家外出农民工的城市融入，同时也对不同维度影响因素进行了分析，但并没有对不同维度的融入程度进行比较。归纳起来，农民工城市融入的影响因素主要体现在以下三个方面。

（一）个人因素

第一，人力资本与农民工城市融入。梁波等（2010）认为人力资本关系到农民工的职业选择、工作的稳定性以及从业能力的提高，从而增加其城市的融入程度。钱文荣等（2006）将农民工的人力资本细化为受教育程度、年龄、身体健康状况和工作熟练程度等几个方面，认为人力资本的每个层面都会对城市融入产生影响。而李树茁等（2008）更加强调了受教育程度对农民工城市融入的影响，认为受教育程度高的农民工对城市生活的适应能力更强，更容易与市民进行频繁的交流，更有利于真正持久的融入城市。第二，社会资本与农民工城市融入。博特斯（1988）最早发现了农民工社会资本与城市融入之间存在着某种关系，农民工城市融入的每个阶段都受到其社会资本的影响。例如，农民工可以利用社会资本寻找工作和与城市交流的窗口。之后，Blumen 等（1995）进一步强调了社会资本对城市融入的重要性，认为在农民工城市融入过程中，社会资本比传统的人力资本的作用更加明显。缺乏必要的社会资本，或者社会网络过于单一，会影响农民工新的社会资本的培养，也会阻碍他们融入当地社会。国内有学者认为社会资本一方面能促进农民工的城市融入，另一方面也会限制其融入城市。因为，农民工所固有的社会资本会在一定程度上强化其传统的生活环境，固化了农民工的农民意识，不利于接受城市生活中的新观念，使农民工很难适应城市生活，也难对城市产生归属感和认同感。

（二）制度因素

当前，我国的户籍制度将居民分为农村居民和城镇居民两种类型，并以此为标准对社会资源进行分配。在这种情况下，由于财政资源的有限性和城镇化扩展速度的飞跃性之间的矛盾，农民工在教育、卫生、医疗和社会保障等方面不可避免地被排除在国民待遇之外（李强，2000）。此外，由于户籍制度的限制，造成了农民工职业和身份地位的分离，农民工在职业上是工人，在身份上却仍旧是农民（朱力，2000）。当我们国家以社会身份来安排社会流动机会时，农民工的农民身份就被排除在城市体系之外，这将会很容易地导致城市化进程的中断，把农民工重新推向农村土地，造成现在社会中频繁出现的大量农民工返乡、发达城市用工难的现象。因此，总的来说，以户籍制度为根本的城乡二元分割制度极大地阻碍了农民工的市民化，是农民工城市融入过程中最大的障碍（王春光，2003）。

（三）社会因素

根据众多学者的研究，影响农民工城市融入的社会因素主要包括三个方面：第一，农民工自身心理的不适应。农民工从农村生活转变到城市生活，心理和文化的调整和适应需要一个长期的过程，由于心理障碍会妨碍他们与城市居民的沟通，也会增强他们在城市的不适应性，不利于他们快速融入城市（郑杭生，1994）。第二，城市居民对农民工群体的排斥。在一些公共场所，包括车站、超市、银行等农民工日常接触较多的场所中，农民工往往由于经验的缺乏或者认知的差异，被城市居民歧视，这种歧视会对农民工的心理产生极大的负面影响，会使农民工对城市以及城市人产生反感和排斥，同时也会加重农民工的边缘地位，降低农民工城市融入的积极性。第三，农民工缺乏信息的获得途径。黄晓燕（2010）认为除了制度性和人为主观的排斥以外，信息对于农民工的城市融入以及后期的良性发展也是一个重要的因素。获得充足的社会信息对于满足农民工城市生活的需求至关重要，包括一些定居、子女入学、医疗、住房等相关信息的获得直接关系到农民工在城市生活的稳定性，当缺乏获取信息的途径，或者信息的传播不及时、不完整时，农民工转变为新市民的过程就会受到挫折。

综合以上相关研究，我们认为农民工的城市融入是一个多维度的复杂过程，在不同的维度可能具有不同的融入速度和程度。随着农民工在城市居住时间的推移和融入程度的提高，他们将在收入、人力资本、职业状况、消费、住房、价值观念和态度、语言、家庭关系、生育率、子女教育以及其他方面与城市本地居民逐渐趋于一致。当然整个融入过程会受农民工的融入动机和农民工所面临的一系列外部因素所引导。根据新经济迁移理论，农民工的城市融入既受迁入地社会环境因素的制约，也受农民工家庭拥有的各种资源与限定因素的制约（Slobodan Djajić，2003）。这些因素对农民工某些维度的城市融入可能具有促进作用，对另一些维度的城市融入则可能有阻碍作用。如前所述，老一代与新生代农民工存在诸多差异，那么，新生代农民工城市融入的具体状况如何？不同因素对城市融入有何影响？老一代与新生代农民工相比情况又有何不同？这些还需要进一步深入研究。

第三节　研究思路与分析框架

本书以农民工就业状况作为研究其城市融入的起点，首先，探讨农民工初次及现职业选择的代际差异，并就其影响因素进行比较；其次，从就业的稳定性来看，我国农民工群体具有很大的职业流动性。我国的农民工群体职业特征具有很大的流动性。Knight 等（2004）对我国农民工职业的流动性进行横向考察和比较，发现我国农民工的流动性明显比城市劳动者高出许多，也比发达国家高出好几倍①。造成这种现象的原因有几个方面：第一，农民工就业的一大特点就是高流动性，他们的工作往往具有临时性，工资待遇以及其他福利保障与本地职工相差甚远，造成他们与企业的关系持久性不强；第二，大多数出来务工的农民工由于城市生活压力，都把子女留在家乡生活，这种与家乡无法割断的联系也会造成农民工职业的中断。另外，农民工都是自发地选择在城市务工，虽然他们的职业选择也遵循市场规律，但是也容易受到政策性限制和歧视性待遇，因而导致他们频繁的变动职业②。从职业流动的方向来看，农民工在职业流动过程中会面临很多障碍，流动空间被明显压缩，多表现为水平流动，即虽然从一种职业转变为另一种职业，但收入、身份地位和权利基本保持不变。频繁的水平职业流动没有给农民工带来社会身份的转变。本书中的社会身份一方面指的是国家制度层面的安排。我国构建了一套安排社会位置的制度，如户籍制度、社会保障制度、迁移就业制度等，基于这样的安排，城市居民和农村居民有了各自的身份定位，被分割为两个完全不同的群体。另一方面是社会认可。这虽然不同于制度安排但也与它有着密切的联系，由于城市社会的空间有限，农民工往往被城市居民排斥在外，很少被认可和接纳。因此，农民工这种异于城市居民的身份特征使他们在职业竞争中处于不利地位。制度和社会的双重阻力压迫农民工的职业发展，使他们总是在较低的层次徘徊。但不可否认的是，农民工中仍然存在一些能够突破阻力和障碍的精英分子，他们虽然没有争取到制度上身份的转变（拥有城镇户口），但通过自身努力，最终突破结构约束，获得高端职业，实现职业的垂直流动。这部分农民工在城市中表现出了很强的竞争力，也为他们的城市融入找到了合适的通道，不但获得了较高的经济收入，社会地位也得到了很大的改变，能够更好地适应城市生活。

为此，本书将对农民工职业选择与职业流动及其影响因素的代际差异进行比较。农民工的经济地位与其职业状况联系密切，也是其城市融入的一个重要维度，那么，不同代际农民工的职业选择及职业流动对其收入产生了何种影响？这是本书关注的另一方面，在此基础上，进一步分析农民工城市融入及其影响因素的代际差异。按照这一思路，本书的主要内容安排如下：

第一章为农民工职业选择及其影响因素的代际差异，在通过比较不同代际

① Knight, John, Linda Yueh, "Job Mobility of Residents and Migrants in Urban China, Journal of Comparative Economics, 2004, 32, pp: 637 – 660.

② 田艳平，杨云彦. 外来人口的职业流动与就业适应. 西北人口，2006（5）：32.

农民工的初次职业选择状况和现职业选择状况基础上，具体分析不同代际农民工的初次职业选择状况和现职业选择状况的影响因素差异。

第二章为农民工职业流动及其影响因素的代际差异，将具体分析不同代际农民工职业流动包括职业垂直流动和职业水平流动方向的差异，在此基础上分析其影响因素存在的差异。

第三章为农民工的收入分层及其影响因素的代际差异。职业状况决定收入水平，经济收入又是农民工城市融入的重要维度。这一部分在了解农民工职业选择、职业流动及其影响因素代际差异基础上，详细分析不同代际农民工收入及其影响因素的差异。

第四章为农民工城市融入及其影响因素的代际差异，在分析两代农民工城市融入状况差异的基础上，具体分析不同代际农民工城市融入影响因素的差异。

第五章为农民工职业流动对城市融入影响的代际差异，就农民工职业流动对城市融入进行理论分析，提出理论假设，并进行实证检验。

第六章为研究结论。

第一章 农民工职业选择及其影响因素的代际差异

迁移过程即选择过程，如何在可支付成本约束下实现最优选择，长期以来备受学术界关注，已有文献从多个层面对此问题进行了理论研究和经验探讨。传统经济学假定“理性行为人”在决策环境中具有完美的预见力，总能在给定偏好和预算约束的基础上，按照效用最大化原则做出最优选择决策。然而，在现实决策中，受外部环境不确定性、信息不完全性、认知能力局限性的影响，使决策者往往不能够做出最优决策，转而寻求“满意”选择（Simon，1955）。正是考虑了诸多现实因素，使实际决策者总是以有限理性为约束条件，以认知偏差作为过程影响变量，以实现有限效用最大化为目标进行决策，决策者有限理性的高低就意味着目标函数效用值的高低（何大安，2004；李广海等，2007）。因此，如何破解形成有限理性的内外部因素，成为决策者实现最优选择的关键。

迁移选择的过程也是对迁移成本和收益进行权衡的过程。从迁移就业工资收益角度，Todaro（1969）认为城乡预期收入差异是劳动力城乡迁移的动因，指出迁移者将会选择工资收益较高的地区就业。人力资本理论从迁移成本—收入视角来分析迁移就业的区域选择，认为个人对于地点的选择将根据其拥有人力资本报酬的概率分布和迁移成本（包括经济成本、心理成本、情感成本等）做出判断，而收入的差异可能是用以解释这种效用差别的最常用、也是最重要的变量（Schultz，1961）。

随着微观计量经济学的发展，学术界对迁移决策的研究更注重实证分析。就迁移个体而言，新古典经济学假定个人是迁移的最小单位，性别、年龄、受教育水平以及所拥有的社会资本存量是影响个体迁移决策的主要变量。在实际研究中，许多学者发现个人决策不仅受个人预期收入的影响，往往与家庭也有着很大关系，开始分析家庭福利最大化条件下的迁移决策行为（Stark and Taylor，1991；蔡昉、都阳，2002）。有学者从理论上论述人力资本、社会资本对农民工跨省迁移选择决策的影响，认为人力资本积累与流入地工作匹配程度决定了流入地的选择，社会资本存量决定了其集聚的程度（白积洋，2009），还有学者从地区社会经济、制度等宏观环境层面分析对人口跨省迁移的影响（段成荣，2001；周皓，2006；唐家龙等，2007）。在迁移的选择性方面，易君键等（2007）将个人、家庭特征、就业途径和户籍等变量纳入模型，检验了各种变量对农民工就业过程中三种部门选择的影响程度，得出搜寻渠道和人力资本对农民工迁移就业中的部门选择影响显著，而家庭特征变量的影响不明显。但也有学者认为家庭类型、社区村经济水平、村地形成对农民工就业空间选择有着显著影响（高更和等，2009）。

已有研究对人口迁移决策进行了深入的理论解释和多层面的实证检验，取得了一定成效。从研究内容看，多数文献侧重于对农民工的迁移决策（迁与不迁）或两种迁移选择（跨省迁移）决策的形成机理及其影响因素的研究，对多种选择决策问题的研究相对较少，部分关注两代农民工职业选择上所出现的差异，但对造成两代农民工职业选择差异的影响因素的相关研究文献较少。从研究方法来看，大部分研究使用的是二元离散变量回归模型，周皓（2006）使用的条件 Logit 模型以及易君键等（2007）使用的多项选择 Logit 模型具有一定的借鉴意义，为本书的研究提供了较好的思路。

对于导致农民工在职业选择上出现差异的影响因素方面，也引起了很多学者的关注，有的学者以年龄、性别、教育程度、培训情况、家中土地数量、耐用商品价值和家庭劳动力数量作为自变量，对迁移农民工的不同就业类型进行了分析，比较研究发现，教育程度、家庭劳动力数量、培训和性别对农民工就业选择有着正面影响，而年龄则有着负面的影响（de Brauw et al.，2002）。在对上海的农民工调查数据进行分析中，Meng 和 Zhang（2001）发现，受过教育的城市居民更容易获得白领工作或在批发零售贸易领域工作，而对于农村迁移到城市农民工来说，提高他们的受教育水平会增加他们成为白领工人的机会，但会降低他们成为批发零售贸易领域工人的机会。家庭结构对于城镇居民的职业素质并不是很重要，但对于农民工来说十分重要。Meng（2001）在对济南的1500 个农村迁移城市农民工的调查研究中发现，在劳动力市场中，个人素质较好的农民工，如受教育水平高、培训时间长、城市工作经验丰富的农民工更有可能在城市非正规部门实现自我就业。正规部门和工资性收入的非正规部门吸引着不同的群体，便很难确定这两个部门中哪一个群体拥有更高的个人素质。

在对农民工就业选择决策的影响因素分析中，有的学者以农民工不同类型的就业地作为因变量，以农民工个体特征变量、家庭特征变量、社区环境以及户籍制度变量为自变量。对山东济南1500个农民工的调研数据进行了分析，研究结果发现，个人特征变量对于农民工的就业地选择的影响程度较小，家庭特征、社区环境以及就业地状况对农民工就业地选择的影响更为显著。在个人变量特征中年龄情况、农民工个人所拥有的技能及个人经济资本只对农民工跨省迁移有着显著影响，性别与受教育水平影响不明显。在家庭特征变量中，家庭非农收入比值、家乡农业的机械化程度以及人均耕地面积对农民工就业地的选择有着显著影响。在居住地环境变量中，居住地的经济发展水平与交通条件对农民工就业地选择有着显著影响，户籍制度会使农民工降低选择本省中小城市就业的概率，从而导致他们更倾向于在省外实现就业（刘家强、王春蕊、刘嘉汉，2011）。丁越兰、张莹和彭红兰（2007）在对陕西省农民工职业选择状况的调查与实证分析中，指出人力资本与农民工的职业选择有着很强的相关性，认为人力资本因素尤其是其中的受教育水平、培训情况、健康状况这三个因素对农民工的职业选择有着显著影响。苏群和周春芳（2005）以江苏省各地区的调查数据为基础，结合对人力资本的定性描述，利用多元回归分析，实证研究了影响农民工收入水平的人力资本因素，分析结果显示，性别、婚姻状况、打工时间以及培训情况对农民工的收入水平有显著影响。张杨晰（2007）利用2006年江苏省南京市的调查数据，采用扩展的明瑟模型，同样对决定进城务工农民工收入的各个人力资本因素进行了实证分析，结果显示，当前持续工作时间、培训情况以及受教育水平对进城务工农民工的收入起着明显的作用。

在对农民工职业分层与人力资本约束的研究中，姚先国和俞玲（2006）利用杭州市外来务工的农民工的调查数据，采用农民工所从事的五类职业作为因变量，采用年龄、性别、受教育水平、职业培训状况、城市工作经历等反映农民工人力资本特征的外生变量作为自变量，运用多元正态Logit模型进行了研究分析。结果发现，农民工人力资本特征对农民工的职业选择有着显著的影响。其中受教育水平对农民工成为管理、专业技术人员和公司职员有着正向影响，对其成为服务人员和生产工人有着负向影响。年龄和职业培训状况会提高农民工成为服务人员或生产工人的概率。城市工作经历对农民工的职业选择有着显著的正向影响，城市工作经历的增加，会提高农民工的就业概率。也有的学者从定性方面对农民工就业的影响因素进行了分析，认为影响农民工就业的因素大致为区域经济对就业的吸纳能力、农民工自身文化技能水平以及政府及社会中介服务机构的就业服务水平这三个方面（王延涛、郭艳春，2010）。

根据前面综述可以看出，对于农民工就业选择的影响因素方面有许多的学者都进行了研究分析，有些学者单独从农民工的人力资本角度来对农民工的职业选择决策进行分析，有些学者在对农民工职业选择影响因素进行分析时会加入社会资本因素以及户籍制度等因素，还有一些学者会从区域或国家政策及服务机构方面等这些社会环境因素方面来进行分析。综合前面许多学者所做的研究，我们对不同代际农民工职业选择差异的影响因素的研究分析中，对影响因素的分类划分为三类，分别为个人因素、家庭因素和社会因素这三类。具体各个因素中所包含的一些细分的变量会在后续内容中再作详细介绍。

综合以上分析可以看出，一方面，无论国内外，目前对农民工就业状况、职业选择、迁移决策影响因素的研究有很多，但这些研究对农民工职业、就业状况代际分化的关注度较少，基本上将农民工作为一个同质性的整体来对待，占据主导地位的研究视角基本上是在生存论预设下采取的“生存—经济”分析的叙事模式，认为农民是迫于生存而外出打工，因此为了满足生存的需要和缓解生存压力而对经济目标的追求构成了农民工行为选择的本质意义，但是，他们没有注意到农民工的行为导向逐步由“生存理性”走向“发展理性”；另一方面，虽然一些研究注意到了农民工群体的异质性，并关注农民工的代际差异，但多限于对其不同特征进行比较，对于农民工就业状况代际差异没有进行系统研究，多数学者只是对其中的一个方面进行了研究分析，而对其职业选择及其决策的深层影响因素的研究较少。因此本书主要对不同代际的农民工职业选择上是否存在差异以及如果存在差异，那么导致其存在差异的影响因素这两个方面来进行研究分析。

本章首先介绍了本部分研究所使用的数据，然后对两代农民工职业状况进行描述性统计分析，最后对两代农民工职业选择影响因素进行回归分析。

第一节　数据来源与说明

本部分研究使用的是国家卫生和计划生育委员会于 2016 年进行的全国流动

人口动态监测数据。为了深入了解流动人口的生存、发展状况，及时反映流动人口结构、流动与迁移趋势、公共服务政策落实等情况，综合分析流动人口服务管理中存在的问题。国家卫生和计划生育委员会采取多阶段与规模成比例抽样方法，对全国106个城市16~59岁男女人口进行调查，获得调查数据。被调查对象包括全国31个省区市、106个城市、2456个街道、4912个居委会或行政村、122548个流动人口个案。为避免在同一户中出现2名或以上个人调查对象的情况，采用“分组法”后的按户排列的合格个人名单不得少于100人。被调查的106个城市包含省会城市、计划单列市、地级市和县级市，东中西三大区域在城市数量上分别占比为45.2%、27.4%、27.4%。调查对象为在流入地居住一个月以上、16~59周岁的跨县（市、区）流动人口。

调查内容包括农民工及其家庭基本信息，计划生育、生殖健康需求，计划生育服务管理工作落实情况，以及农民工就业、收入、社会保障、生活状况、子女教育、医疗等相关信息。本书在具体运用数据过程中通过剔除户籍为非农业流动人口，剔除核心变量缺失样本，最后获得有效样本14192个。其中，老一代农民工有效样本量为8349个，新生代农民工有效样本量为5843个。表1-1显示了样本的基本统计信息。

表1-1 样本内老一代与新生代农民工统计描述

基本特征		老一代	新生代	基本特征		老一代	新生代
性别（%）	男性	63.9	54.0	文化程度（%）	未上过学	2.8	0.4
	女性	36.1	46.0		小学	24.0	6.2
平均年龄（岁）		41.67	28.05		初中	58.2	63.4
年龄分组（%）	15~25	0	25.5		高中及中专	13.7	25.7
	26~35	13.9	74.5		大专及以上	1.4	4.4
	36~45	63	0	婚姻状况（%）	未婚	1.9	43.1
	46以上	23.1	0		初婚	95.4	56.4
流动类型（%）	跨省流动	57.2	57.6		再婚	1.7	0.2
	省内流动	30.0	29.4		离婚	0.9	0.3
	市内流动	12.8	13.0		丧偶	0.2	0

第二节　两代农民工职业状况的描述性分析

一、两代农民工的职业目标及职业结构

通过样本数据分析，对比两代农民工初次及当前的职业目标及职业结构，可以看出，两代农民工的职业目标和职业结构大致相同，无论是初次就业选择还是现职业选择，新老农民工的职业主要集中在产业工人、商业服务人员和个体工商户这三种职业类型上。在老一代农民工初次职业选择中，占比最大的是产业工人，达到64.2%，其后依次是商业服务人员和个体工商户及专业技术人员。新一代农民工初次职业选择与老一代农民工相似，产业工人所占比例最大，为65.7%，其次为商业服务人员、个体工商户、专业技术人员及办事人员。而在现在所从事的职业中，两代农民工从事产业工人的比例都有所下降。不同的是，老一代农民工从事产业工人的比重下降较快，从初次就业的64.2%降至当前的44.4%，下降了19.8%，从事个体工商户的比例大幅度上升，由初次就业的12.4%增至29.1%，增加了16.7%。而新一代农民工从事产业工人的比例虽然有所下降，从初次就业的65.7%降至当前的52.1%，下降了13.6%，下降幅度较小；同时从事个体工商户的比例增长幅度低于老一代农民工，仅增加了9.6%（见表1－2）。

表1－2　　新老农民工初次及现职业类型统计　　单位:%

职业类型	老一代		新生代	
	初次就业	现职业	初次就业	现职业
国家与社会管理者及经理人员	0.4	1.4	0.2	0.9
私营企业主	1.1	1.6	0.1	0.5
专业技术人员	7.2	9.3	6.4	8.9
办事人员	2.0	2.4	3.4	4.4
个体工商户	12.4	29.1	4.6	14.1
商业服务业员工	12.7	11.8	19.6	19.1
产业工人	64.2	44.4	65.7	52.1

总体而言，老一代农民工选择专业技术人员、私营企业主、个体工商户、国家与社会管理者及经理人员的比例明显高于新生代农民工。这可能是由于新生代农民工入职时间较短，在进城之初面临着制度的约束和人力资本薄弱的缺陷，进入的都是低级劳动力市场，然而经过职业流动进行职业转换后，老一代农民工比新一代农民工进入劳动力市场时间长，积蓄和经验相对而言较多，有能力也有资本转入私营企业及个体工商户。此外，新生代农民工选择商业服务业及办事人员的比重高于老一代。一般而言，工人所从事的主要是一些重和累的体力劳动，而服务人员、办事人员对体力的要求则相对较低，可见新生代农民工一般都不甘于做一名“体力型”劳动者，而更多地去从事服务人员、办事人员职业。而老一代农民工可能与他们的年龄有关，从事服务人员、办事人员职业时在年龄方面往往会受到较多限制。

二、两代农民工职业稳定性比较

在样本中，初次就业的农民工占 67.4%，经历过职业变动的农民工占 32.6%，说明农民工流动性较强。比较两代农民工职业变动情况，新生代农民工转换过工作的比重占 38%，老一代农民工转换过工作的比重占 55%，表明新老农民工整体的职业稳定性较差。从其职业流动的变化来看，新生代农民工由低层职业类型转换为个体工商户的比例最大，为 76.97%。其中，初始职业为无固定职业、产业工人和商业服务业员工通过职业转换为个体工商户从而实现职业上升的比例分别为 11.08%、53.8% 和 24.3%。而老一代农民工由低层职业类型转换为个体工商户的比例也最大，占 68.61%。其中，初始职业为无固定职业、产业工人和商业服务业员工通过职业转换为个体工商户从而实现职业上升的比例分别为 18.8%、51.8% 和 17.6%。通过新老农民工职业上升的比较，可以看出新生代农民工职业上升速度快、比例大。这与新生代农民工进入城市后不安于现状，寻找更好的就业条件和就业待遇有关。约有 65.2% 的新生代农民工由缺乏技术的普通工人转为专业技术人员，老一代农民工也有 61.75% 的普通工人转为专业技术人员。国家与社会管理者及经理人员和私营企业主是农民工中的精英分子，往往是农民工的奋斗目标。虽然通过努力实现职业上升，但是能达到精英层次的农民工所占比例较小。

三、两代农民工的职业收入比较

2006年国家统计局发布的《城市农民工生活质量状况调查报告》的数据显示，全国农民工的月平均收入是966元。《2013年全国农民工监测调查报告》显示外出农民工人均月收入（不包括包吃包住）为2609元。这说明农民工的工资水平在最近几年得到了较大幅度的提升，但是现阶段农民工的工资水平相对于城镇企业职工平均水平仍处于较低水平。通过对比新老农民工的月收入情况，可以看出新生代农民工总体上工资收入要低于老一代农民工：老一代农民工月收入均值为2064.02元，新生代农民工月收入均值为1928.43元，其中新生代农民工月均收入处于中等水平（1200～2000元）的比重高于老一代农民工。另外，样本数据显示的农民工月平均收入为1935.72元，同时样本方差高达1638.446，表明农民工群体内部的收入差异较大，反映了农民工群体存在着较为严重的收入分异现象（见表1－3）。

表1－3　两代农民工收入分层统计　单位：%

收入分层	总样本	老一代	新生代
0～1200（元）	27.9	28.0	27.7
1200～2000（元）	47.6	45.7	50.5
2000元以上	24.5	26.4	21.8
均值（元）	1935.72	2064.02	1928.43
方差	1638.446	1532.446	1267.973

四、两代农民工职业保障状况比较

从两代农民工平均每周工作天数和平均每天工作小时数来看，新生代农民工平均每周工作7天所占比重为38.6%，平均每周工作少于6天的比重为61.4%；老一代农民工平均每周工作7天所占比重为56.92%，平均每周工作少于6天的比重为43.1%。卡方检验结果（$x^2=63.27$，$P=0.000$）表明，两代农民工在每周工作天数上差异比较明显；新生代农民工平均每天工作8小时及以下所占比重为39.3%，老一代农民工平均每天工作8小时及以下的比重仅为31.6%，卡方检验结果（$x^2=28.06$，$P=0.031$）表明，两代农民工在平均每天工作小时数上差异显著，老一代农民工劳动强度相对较大。

此外，老一代农民工与企业签订固定期限合同的比例是46.9%，新生代农民工与企业签订固定期限合同的比例是55.1%，这说明新生代农民工在选择工作时倾向于有保障性的工作。新生代农民工有工伤保险及失业保险的占40.6%，老一代农民工有工伤保险及失业保险的占27.9%。这说明了新生代农民工的职业待遇要高于老一代农民工，从一个侧面体现了老一代农民工社会保障待遇差，缺少必要的社会支持。新生代农民工则较注重工作条件及工作强度。

第三节　两代农民工职业选择影响因素的多项 Logistic 回归分析

根据相关研究，我们将影响农民工职业选择的因素归纳为三个方面：一是个体特征，主要包括受教育程度、职业培训情况、性别、年龄、婚姻状况、将来打算等。受教育程度是衡量人力资本的一个重要衡量指标，在找工作过程中能发挥重要作用；职业培训和外出务工时间是农民工务工经验的积累以及对其职业选择具有重要的意义；性别会影响务工者选择不同工种，务工者结婚与否也会对其选择工作产生不同要求，如结婚的农民工更倾向于攒钱养家糊口。高文书（2009）、杨晓军和陈浩（2008）分别通过多元和二元 Logistic 回归分析得出：文化程度越高、参加过培训的农民工成为技术工人的概率越大；女性成为服务人员的概率较大，男性成为生产工人的概率较大，年龄较轻的农民工成为技术工人和服务人员的概率较大。姚先国、俞玲（2006）用多元 Logistic 分析表明，上述因素对职业选择存在影响，但影响方向不尽相同——参加过培训的工人成为生产工人的概率更大，年轻的工人更有可能成为生产工人和服务工人。年龄不仅作为新老一代农民工划分的依据，同时还有其特殊性：对新生代农民工来说，年龄越大，其在外务工经验越丰富，而对老一代农民工来讲，除了丰富的经验外，更主要的是就业年龄越大，年劳动能力会越弱。

上述因素对农民工职业选择的影响有一定研究，但较少有对不同代际农民工职业选择影响进行比较分析。因此，我们有必要对受教育程度、培训经历、外出务工时间、性别、婚姻状况、将来打算等个体特征因素进一步的实证分析。

二是农民工家庭因素对职业选择的影响，主要包括与家里的联系、家庭经济条件等。王文信、徐云（2008）用家庭耐用品数作为家庭经济条件的代理变量，发现家庭耐用品数对农民工流动就业、本地企业就业和自营工商业有不同的影响，条件较好的农民工家庭参加非农就业的概率增加，但没有对不同代际的农民工进行比较分析。本书中我们从与农民工是否给家里汇款、在家的预期收入、是否有在一起同吃住的家人等因素做进一步的实证分析。

三是社会环境因素的影响。以往的一些研究中通常将社会环境作为一个虚拟变量处理，因为他们认为社会环境的影响是通过个体特征、家庭因素、职业诉求等微观因素的影响来体现的。陈藻（2011）发现新生代农民工“公民意识”萌发，相比第一代农民工，新生代农民工要求有更安全的工作环境、更稳当的劳动关系。

本书所建立多项 Logistic 回归模型的因变量为农民工的职业类型。这里将农民工职业划分为：工作较辛苦、脏累的各类工人（编号 1），职业收入一般但工作相对轻松、体面的服务人员（编号 2），试图摆脱就业歧视而从事经商、文职工作等的其他工作者（编号 3）。自变量包括受访者性别（男性为 1，女性为 0）、年龄（连续变量）、文化程度（分类变量，因农民工文化程度主要集中在初中及以下，高中及以上为 1，初中及以下为 0）、职业培训情况（参加过培训为 1，未参加为 0）、婚姻状况（已婚且有配偶为 1，未婚及其他为 0）、流动类型（跨省流动为 1、省内跨市流动为 2，市内跨县流动为 3）、留城意愿（愿意为 1，未定为 2，不愿意为 3）、家庭人口数（连续变量）、15 岁以下孩子数（连续变量）、老家土地是否耕种（耕种为 1，不耕种为 0）、每月房租（连续变量）和对目前生活满意程度（满意为 1，一般为 2，不满意为 3）。

一、个人因素对两代农民工职业选择的影响

从回归结果来看，年龄、月收入、性别、婚姻状况、职业培训、受教育程度、流动类型和留城意愿对两代农民工初次职业选择都具有一定的影响，但不

同因素对不同代际农民工职业选择影响程度存在差异。具体从发生率及回归系数显著性水平来看，老一代农民工随着年龄的增加，在选择职业时更有可能选择经商、文职类工作而不是产业工人这类更需要耗费体力和精力的工作；而对新生代农民工而言，年龄的增大则会使其从事服务业和经商文职的可能性大于从事产业工人。性别对两代农民工初次职业的选择的影响程度相似，即相对女性而言，男性会选择经商而不是产业工人工作，选择从事服务业的可能性更低（选择服务业的可能性仅仅是选择工人工作的 0.71 倍和 0.86 倍）。在老一代农民工中，已婚者相对未婚者从事服务业的可能性是从事产业工人的 0.65 倍，而在新生代农民工中，已婚者相对未婚者从事服务业的可能性是从事产业工人的 0.64 倍，这说明无论是老一代还是新生代的农民工，若已经结婚，他们在就业时一般会选择劳动强度更高、更为辛苦的工作，以期获得更多的收入，而不是选择相对轻松和舒适的服务业和文职工作。职业培训对两代农民工的初次职业选择的影响具有较大差异：经过职业培训后的老一代农民工选择成为服务人员的可能性是成为产业工人的 1.34 倍，选择从事经商文职的可能性也是产业工人的 1.14 倍；而职业培训对新生代农民工的职业选择的影响并不显著。这表明老一代农民工往往由于年龄偏大和体力、精力不足等方面的原因，会更愿意从事非产业工人工作，从而更为珍视难得的职业培训机会（农民工职业培训范围一般来说主要集中在厨师、美发、宾馆酒店服务方面），以进入自己期望的行业。农民工受教育程度也是影响其初次就业的重要因素，那些具有较高受教育程度的老一代农民工，从事经商文职的概率是从事工人工作的 1.94 倍，而从事服务业可能性则是从事工人工作的 1.34 倍。较高的受教育程度对新生代农民工的影响更大，他们从事服务业和经商文职工作的可能性显著大于从事产业工人工作的可能性，分别是其 1.95 倍和 3.47 倍。劳动力流动类型对农民工的初次职业选择也具有显著影响：相对于市内县际流动而言，跨省和跨市的两代农民工都更倾向于选择产业工人，而不是服务人员或者是经商文职。最后是留城意愿的影响，那些具有较强留城意愿的新生代农民工从事服务业和经商文职工作的概率是从事工人工作的 1.19 倍和 1.38 倍，而较强留城意愿对老一代农民工的影响只是体现在对经商文职工作的选择上，是选择从事产业工人工作概率的 1.41 倍（见表 1－4）。

表 1－4　两代农民工初次职业选择个人因素多项 Logistic 回归分析结果：Exp（B）

个人因素	老一代		新生代	
	服务人员	经商、文职	服务人员	经商、文职
年龄	0.998	1.042***	1.031***	1.073***
性别（女）	0.709***	1.292***	0.861***	1.372***
婚姻状况（未婚）	0.650***	1.313	0.638***	1.013
职业培训（否）	1.347***	1.124*	1.046	0.992
受教育程度（初中以下）	1.341***	1.940***	1.945**	3.465***
流动类型（市内跨县）				
跨省	0.426***	0.431***	0.412***	0.362***
省内跨市	0.735**	0.753*	0.665***	0.705**
留城意愿（否）				
是	0.956	1.411***	1.198**	1.380***
未定	0.947	1.045	1.063	1.173

注：自变量括号中为参照类，因变量的参照类为产业工人。其中 *** Sig. ≤0.01，** Sig. ≤0.05，* Sig. ≤0.1。

与初次职业选择相比，个人因素对农民工现职业选择的影响发生了一些变化。首先是年龄的影响。在初次职业选择中，年龄对两代农民工都产生了显著影响，而在现职业选择中，年龄使对新生代农民工的职业选择产生了显著影响：随着年龄的增加会促使其可能选择服务业和经商文职工作而不是产业工人工作。在初次职业选择中，已婚的农民工一般会选择劳动强度更高的产业工人工作，而婚姻对农民工现职业选择上也发生了变化：已婚的老一代农民工选择经商文职类工作的可能性是工人工作的 1.86 倍，这表明在工作了一定年限积累了工作经验和见识后，已婚的老一代农民工会更倾向于经商、创业等回报率更高的工作。在初次职业选择中，职业培训仅对老一代农民工的职业选择产生影响；在现职业选择中，职业培训对两代农民工都有显著的影响。具体而言，职业培训会导致老一代农民工选择经商文职的概率是选择工人工作的 0.86 倍。经过职业培训，老一代农民工依然倾向于选择工人工作。新生代农民工则不同，其选择经商文职工作的概率是选择工人工作的 1.13 倍。受教育程度对两代农民工的现职业选择产生显著影响，会促使他们脱离产业工人岗位而从事服务业或者经商文职类工作。特别的，教育程度对新生代农民工影响更大。流动类型和留城意愿对现职业的选择的影响与对初次职业选择的影响方向类似，但需要指出的是，那些具有较强的留城意愿的新老农民工对现职业从事服务业和经商文职工作的可能性相对于初次职业选择时的情况显著增大，分别是从事工人工作的1.88倍、1.77倍、1.27倍和1.90倍（见表1－5）。

表1－5　两代农民工现职业选择个人因素多项Logistic回归分析结果：Exp（B）

个人因素	老一代		新生代	
	服务人员	经商、文职	服务人员	经商、文职
年龄	1.006	0.999	1.005	1.087***
性别（女）	0.650***	1.365***	0.767***	1.562***
婚姻状况（未婚）	0.453***	1.862***	0.598***	1.886***
职业培训（否）	1.124	0.860**	0.960	1.129***
受教育程度（初中以下）	1.370***	1.872***	1.783***	2.233***
流动类型（市内跨县）				
跨省	0.333***	0.307***	0.256***	0.225***
省内跨市	0.682**	0.736**	0.447***	0.549***
留城意愿（否）				
是	1.272***	1.893***	1.887***	1.767***
未定	0.972	0.858*	1.132	1.002

注：自变量括号中为参照类，因变量的参照类为产业工人。其中 *** Sig. ≤0.01，** Sig. ≤0.05，* Sig. ≤0.1。

二、家庭因素对两代农民工职业选择的影响

家庭因素是在职业选择过程中非常重要的因素，农民工外出打工往往就是一个家庭的集体决策结果。家庭人口数直接关系到家庭的收入和消费支出数量从而会对农民工的职业决策产生直接的作用；而未成年孩子数及孩子的教育、医疗等因素也是农民工外出打工地点、职业选择的时候所必须考量的；老家土

地的耕种与否反映了农民工与农业之间的联系，从侧面反映了其打工的投入程度，与其职业选择有着重要的关系。从回归结果我们可以看出，家庭人口数、15岁以下孩子数、老家土地是否耕种等这些家庭因素对两代农民工的初次职业选择具有显著的影响。家庭人口数增加一人，老一代农民工从事服务业和经商文职工作的概率是从事工人工作概率的1.10倍和1.43倍，新生代农民工从事服务业和经商文职工作的概率则是从事工人工作概率的1.20倍和1.24倍。从前述对个人因素的分析我们得到，跨市和跨省流动的农民工更有可能从事产业工人工作。换言之，与之相对的服务业和经商文职则更大可能性在市内跨县范围内选择。综合而言，农民工家庭人口数越多，相对而言其受家庭的羁绊越多，从而有更大的可能性在离家较近的地方（市内跨县流动）从事服务业和经商、文职类工作。未成年孩子数对初次职业选择的影响也是显著的。未成年孩子数越多，两代农民工由于沉重的养育孩子的经济压力均会选择较辛苦的产业工人工作，以获得相对更高的经济收入（从相关的发生比均小于1可以看出）。老家土地耕种与否也是影响两代农民工初次职业选择的重要因素：那些依旧耕种着老家土地的老一代农民工从事经商、文职的可能性仅是从事工人工作可能性的0.62倍，新生代农民工也有类似结论。这表明在老家还耕种土地的农民工由于难以舍弃庄稼活，这既有土地收入的原因，也有情感因素在其中（见表1-6）。

表1-6　两代农民工初次职业选择家庭因素多项Logistic回归分析结果：Exp（B）

家庭因素	老一代		新生代	
	服务人员	经商、文职	服务人员	经商、文职
家庭人口数	1.099***	1.425***	1.200*	1.238***
15岁以下孩子数	0.782***	0.762***	0.600***	0.765***
老家土地耕种（否）	1.182	0.621***	0.748**	0.611***

注：自变量括号中为参照类，因变量的参照类为产业工人。其中 *** Sig. ≤0.01，** Sig. ≤0.05，* Sig. ≤0.1。

从家庭因素对现职业选择的回归结果中可以看出，家庭因素在对初次职业和现职业选择的影响大体相似，但也是存在差异的。其一，家庭人口数增加会使新生代农民工从事服务业的概率仅为从事工人工作概率的0.9倍，两者概率相当，由此可见新生代农民工在职业选择时（如选择外出打工）受家庭人口因素的影响不如老一代农民工大。其二，未成年孩子数并没有对老一代农民工现在从事经商、文职工作产生显著影响，与在初次职业选择中的情况略有出入。这显示了家庭因素在两代农民工职业选择过程中作用的动态变化（见表1－7）。

表1－7　　两代农民工现职业选择家庭因素多项Logistic回归分析结果：Exp（B）

家庭因素	老一代		新生代	
	服务人员	经商、文职	服务人员	经商、文职
家庭人口数	1.174***	1.620***	0.900*	1.690***
15岁以下孩子数	0.838***	0.969	0.677***	0.735***
老家土地耕种（否）	1.151	0.724***	0.449***	0.479***

注：自变量括号中为参照类，因变量的参照类为各类工人。其中 *** Sig. ≤0.01， ** Sig. ≤0.05， * Sig. ≤0.1。

三、社会因素对两代农民工职业选择的影响

以往的一些研究中通常将社会环境作为一个虚拟变量处理，因为他们认为社会环境的影响是通过个体因素、家庭因素、职业诉求等微观因素的影响来体现的。本书就对目前生活的满意程度、每月房租等因素对农民工职业选择影响的代际差异做进一步的研究。

从回归结果我们可以看出，月房租对两代农民工的初次职业选择均有较为显著的影响，较高的房租会产生促使他们放弃从事产业工人工作而选择服务业和经商、文职类工作的趋势；此外，对目前生活持满意态度的老一代农民工选择成为服务人员和经商、文职的可能性分别是成为工人的可能性的0.88倍和0.66倍，即对生活更满意的老一代农民工更倾向于选择从事工人工作。而对生活满意的新生代农民工则不同，特别是相对于工人工作来说，他们选择从事经商、文职工作的可能性是前者的1.31倍；最后，在对生活满意度持一般态度的两代农民工中，老一代农民工在经商、文职和产业工人两种职业的选择中会倾向于后者，而新生代农民工则倾向于前者（见表1－8）。

表1-8　两代农民工初次职业选择社会因素多项 Logistic 回归分析结果：Exp（B）

社会因素	老一代		新生代	
	服务人员	经商、文职	服务人员	经商、文职
月房租	1.001***	1.001***	1.001***	1.002***
满意度（不满意）				
满意	0.817*	0.658***	0.709***	1.311**
一般	0.997	0.734***	0.897	1.370*

注：自变量括号中为参照类，因变量的参照类为各类工人。其中 *** Sig. ≤0.01，** Sig. ≤0.05，* Sig. ≤0.1。

在对两代农民工现职业的选择过程中，房租的作用与初次职业选择时的情况相似，并没有什么不同。而目前生活满意程度对现职业选择的影响则发生了较大的变化。在初次职业选择中，满意度对职业的选择的影响既体现在两代农民工群体上的差异，又体现在不同职业上的差异。在现职业选择时，相对于不满意现在生活的农民工群体，持满意和一般态度的两代农民工均显著地倾向于选择产业工人工作，而不是服务业工作或者是经商、文职工作，这表明农民工自身对生活水平的主观感受对其职业选择的影响已经越来越大（见表1-9）。

表1-9　两代农民工现职业选择社会因素多项 Logistic 回归分析结果：Exp（B）

社会因素	老一代		新生代	
	服务人员	经商、文职	服务人员	经商、文职
月房租	1.003***	1.004***	1.004***	1.006***
满意度（不满意）				
满意	0.370***	0.449***	0.504***	0.640***
一般	0.495***	0.534***	0.585***	0.662***

注：自变量括号中为参照类，因变量的参照类为产业工人。其中 *** Sig. ≤0.01，** Sig. ≤0.05，* Sig. ≤0.1。

第二章　农民工职业流动及其影响因素的代际差异

近年来，众多学者对农民工职业流动问题进行了比较深入的理论和实证分析，主要集中在以下几个方面：第一，两代农民工群体性特征的差异。两代农民工具有明显的代际差异，新生代农民工与第一代农民工相比，呈现不同的特征，可以概括为“三高一低”，即受教育程度高、职业期望高、物质和精神享受要求高但工作耐受能力低（段成荣、马学阳，2011）。这就导致不同代际农民工具有明显不同的职业选择倾向、就业领域和职业类别。刘光辉、张建武（2011）指出新生代农民工就业以制造业、民营企业、小型企业为主。第二，两代农民工职业流动程度及其影响因素。新生代农民工在一个工作岗位上的持续时间远远低于第一代农民工，他们更换工作频繁，职业流动性较强（黄祖辉、刘雅萍，2008）。农民工家庭结构对其职业流动有显著影响（周皓，2001；杨云彦、石智雷，2008）。张建武、李楠、赵勋（2012）等认为年龄和婚姻是影响农民工就业流动性的主要因素。黄乾（2009），王文德、蔡昉、张国庆等（2008）则认为受教育水平和培训等人力资本特征是农民获得稳定就业机会的重要因素。张锦华、沈亚芳（2012）对此进行了更深入的分析，他们探讨了教育和职业培训对就业稳定性的影响程度，认为职业培训对农民工就业稳定性的影响超过了教育。从已有关于农民工职业流动及其影响因素的文献来看，其研究方法一般是将两代农民工视为一个整体，关注农民工职业选择影响因素代际差异的研究还不多，因此有必要引入代际差异视角，对两代农民工职业流动及其影响因素的代际差异进行深入分析。

本章首先归纳职业流动的动因及其影响因素；其次将农民工职业流动方向进行分类，对职业流动状况的代际差异进行描述性分析，在此基础上分析两代农民工水平职业流动和垂直职业流动的代际差异；最后根据不同代际农民工的职业流动方向，建立二项 Logistic 回归模型，考察个体因素、家庭因素、工作状况因素和未来打算等因素对不同代际农民工职业流动方向影响的差异。

第一节 农民工职业流动的动因及其影响因素

最早对职业流动进行系统性研究的是美籍俄裔著名社会学家索罗金（Sorokin），在他的《社会与文化流动》一书中，提出了水平流动和垂直流动的分类，并且编纂了职业流动的23个量表。比较著名的关于我国农民转变为农民工的职业流动理论解释就是伯格（Bogue）的推拉理论（push and pull theory）和哈里斯—托达罗（Todaro，1969）的两部门理论（two sectors theory）。这两个理论同时结合的经济学理论框架，是我国农民迁移现象最直接的理论基础。推拉理论认为城镇有利的经济发展而形成“拉力”和农村不利的经济发展而形成“推力”，两者共同造成农村和城市之间的经济发展差异，导致农村劳动力向城镇迁移。两部门理论主要研究假设一国经济由农业部门、城市的传统部门和现代部门组成，农村劳动力不是直接进入城市现代部门，而是首先进入城市传统部门。农村劳动力是否从农村向城市迁移主要取决于城乡劳动力市场之间的报酬差异。它以刘易斯的二元经济理论为基础，证明了剩余劳动力从传统农业部门向现代的工业部门的人口转移是经济发展和工业化过程的结果。两种理论中农业部门的生产函数是收益递减的。与农业部门相比，城市工业部门则具有较高利润率，这种利润差异成为农村的剩余劳动力向城市工业部门转移的内在动力。从另一个角度讲，职业流动原因如下：一是因为城市劳动力市场产生了职位空缺而且需要有人去填补；二是因为劳动者预期收益将会提高。经济学家一般会从“理性人”的角度分析职业流动现象（霍夫曼，1989），把劳动者解释为追求最大化利益的“理性”行动者，劳动者流动与否、流动方式以及流动结果是一个理性决策的过程。

农民工是一个职业流动相当频繁的群体，特别是对于年青一代的农民工，由于没有养老保障和医疗保障，主要依靠年轻力壮去打拼，并不在乎以后的养老问题，普遍采取灵活就业方式，这使他们的工作变换甚为频繁（李培林，2010）。杨慧玲等（2011）对厦门新生代农民工的研究也发现，农民工职业选择开始由制造业和建筑业逐步向服务业转移，新生代农民工对现职和生活状态不满，逐渐由生存理性向发展理性转变。换过工作 2 次及以上的比例为 50.2%，22.6%的人未换过工作。

尹德挺（2007）利用 2006 年北京市流动人口家庭户调查数据进行综合分析，其中流动人口中 79.17%是农业户口，51.16%是初中学历，60.13%是年龄在 15～26 岁，同时发现在京流动人口的职业稳定性比较高，人均从事工作 1.14 份，有 78.132%的人只从事过一份工作。廖根深（2010）通过对 18～30 岁的广东青年调查研究，发现其中高中及以下占 47.0%，农村青年和外来务工青年占 60.3%，平均职业流动周期为 29.80 个月，其中外来务工青年平均职业流动周期为 29.06 个月。18 岁青年的平均职业流动周期最短为 8.46 个月，30 岁青年的平均职业流动周期最长，为 42.72 个月。年龄是影响职业流动的一个重要因素。而且青年的职业流动周期随着年龄的增长逐步延长，年龄越小，职业流动周期越短，就业稳定性越低；年龄越大，职业流动周期越长，就业稳定性越高。比较北京和广州两个地区调查结果的不同，发现两个原因：一是地区的不同所导致，二是学历越高流动性越高。两代农民工的职业流动共同点就是利用关系网结伴外出，不同点就是第一代农民工追求经济利益，第二代农民工偏向个人发展。农民工进城后跳槽频繁，就业层次仍然较低，多数农民工职业流动只是一种水平流动。

关于职业流动影响因素，一般都是从人力资本和社会资本去研究，人力资本和社会资本在职业流动起到了重要的作用。李长安（2010）认为除个人特征外，在农民工与城镇职工流动率全部差异中有高达 86.63%的部分不可由个人特征（如受教育程度、年龄、工龄、所在企业性质）解释，发现歧视性政策因素是导致农民工职业流动频繁的重要原因。姚先国等（2006）对农民工职业分 5 类进行多元 Logistic 回归，研究发现人力资本对农民工职业选择的影响显著，年龄和外出务工经验也有明显影响。人力资本的观点认为，人力资本的投入对个人的职业结果是有关键作用的（Wayne et al.，1999）。因为人力资本越高，表明知识、技能、能力等方面的投入越高，也就具有更高的技术和工作效率，教育水平能够反映人力资本的投入程度的高低，教育水平高的人就意味着更多的知识，通常会比其他人做得更好。同时，职别和任期是人力资本投入的另一种形式，职别越高或任期越长的人，经验越丰富，这些都将增加寻求更高职位或者地位的机会（Judge et al.，1994），因此，人力资本与职业流动正相关（Powell et al.，1994；Pennings et al.，1998）。人力资本和社会资本都对职业流动产生影响，但是它们的作用不同。

职业流动不仅由人力资本决定，还受到社会资本的影响。人力资本与社会资本是因果关系，个人所拥有的信息和知识与所处社会网络的地位正相关，并通过影响他人而增加社会资本（Leenders 和 Gabbay，1997）。符健春（2008）对IT 员工研究发现职别和任期对职业流动有显著的影响，社会资本在职别影响职业流动的过程中起完全中介作用，教育水平与任期对职业流动的影响受到社会资本的缓冲作用影响。对于农民工来讲，其教育水平和从事工作的要求可能相关性不大，特别是新一代农民工的普遍教育水平在初中及以上学历。对于从事的大部分工作完全能够胜任，也就是说，农民工所从事的工作与其教育水平关系并不密切。职业流动影响因素还主要从这两个影响因素出发，农民工的职业流动影响因素有其特殊性，人力资本和社会资本双匮乏，因此对于农民工而言，职业流动影响因素不再仅仅由人力资本和社会资本决定，也可能由其他因素决定。

关于农民工职业流动特点的研究，众学者主要从农民工职业流动的方向、频率、性别差异、流动方式、流动目的、职业分布、国际差异等几个方面来描述。总体来看，农民工的职业流动有以下几个特点：第一，由于制度性因素的约束，农民工职业流动缺乏规范的管理机制，流动效果不好①。农民工的职业流动以水平流动为主，职业地位的层次上升较少，并且大都集中在体力劳动这类职业之间②。第二，农民工的职业流动往往较频繁，而且男性农民工的职业流动会更加频繁。由于农民工的工作具有非正式、临时性的特点，就使农民工的职业稳定性较差，经常处于流动状态，社会资源不能得到有效的积累。第三，我国农民工的职业流动与城市劳动力的职业流动以及国外地区劳动力的职业流动也存在明显的不同，主要表现为职业流动会受到个体受教育程度不同的影响，教育程度高的农民工往往为了职业的晋升选择主动流动，那些受教育程度低的农民工往往是迫于生计压力的被动流动。第四，农民工职业流动的目的也具有明显的差异性，城市居民选择职业流动是为了进入一个更好的职业岗位，寻求更好的发展空间，而农民工职业流动却是为了实现收益的最大化和歧视的最小化③。

---

① 严善平．城市劳动力市场中的人员流动及其决定机制——兼析大城市的新二元结构．管理世界，2006（8）：37－39.

② 周运清，王培刚．农民工进城方式选择及职业流动特点研究．青年研究，2002（9）：45－49.

③ 田艳平，杨云彦．外来人口的职业流动与就业适应．西北人口，2006（5）：32.

一、农民工职业流动影响因素理论分析

职业流动理论（Sicherman and Galor，1990）研究职业流动时将人力资本理论引入其中，在个人有限的时间里去配置教育以及在各个不同职业之间的协调，并使预期收益最大化，这种个人选择最优的职业流动和职业地位提升途径是经济理性选择。从“理性人”的角度出发，劳动者是追求最大化利益的“理性”行动者，劳动者流动与否、流动方式以及流动结果是一个理性决策的过程。社会学派职业理论研究范围极其广泛，1985 年戈萨德（W. P. Gothard）在其著作中提出了一个职业选择的社会学模式，他依据其他人的研究成果提出了影响职业选择的八大因素并划分为两大层次，第一层次包括社会经济阶层因素、性别因素、种族因素、身体素质因素、智力水平因素，这些因素是影响择业首要的决定性因素；第二层次包括教育因素、职业知识与职业指导因素、就业可能性因素，它们在职业选择中处于次要的和从属的地位。从经济学的观点来看，研究农民工职业流动的影响因素可以从以下方面入手：一是经济因素，二是家庭因素，三是人力资本因素，四是社会资本因素。

特别是在当前市场情况下，农民工和城市工人的待遇差异主要是在社会保障方面。农民工的社会保障水平普遍低于城市工人，拥有养老保险的占 16.3%，拥有失业保险的占 6.2%，能够报销部分或全部医疗费的占 28.4%。[①] 因此农民工经济收入的重要性更加凸显，对应职业选择，经济收入是重要的影响因素。

对农民工而言，先天父辈代际职业传递的先致性因素作用并不大，后天个人条件更加重要。通常认为人力资本和社会资本在职业流动中起到了重要的作用，而个人受教育水平是衡量一个人人力资本多少最广泛和最直接的指标。即个人受教育水平、个人技能、社会网络是否丰富对农民工的职业流动具有很大作用。

从农民工所从事的工作来看，一般是不需要高学历技能的低水平重复性体力劳动，职业选择中受教育水平要求并不苛刻，因此受教育水平并不能对其起到很重要的作用，但作为人力资本的衡量，技能证书显得更加重要。

张智勇[②]（2005）认为社会资本可以保证职业信息的真实性，而且社会资本加快了信息搜寻的速度，同时社会资本具有工作能力的信号显示功能，方便用

---

① 李培林，李炜. 我国农民工的经济地位、社会态度和社会政策的分析与对策［J］. 社会发展，2007（16）.

② 张智勇. 社会资本与农民工职业搜寻［J］. 财经科学，2005（1）：118.

工单位了解个人信息。在社会资本方面，农民工表现得比较匮乏，社会资本主要以亲戚、老乡介绍为主。农民工社会资本可以分为城市社会资本和乡村社会资本，农民工户籍在农村，本身在农村生存发展，需要的社会资本自然包括乡村社会资本，农民工的社会资本应该是基于血缘、婚姻、亲缘、地缘关系形成的，是以交情和乡情为尺度的保守、封闭、排外的一种社会资本，从某种程度上农民工的社会资本主要还是在农村，在城市的社会交往明显较少，随着外出务工时间的增长，这种社会资本可能随之增加。

边燕杰（2004）发展了对于社会资本概念的理解以及测量方法，他在《城市居民社会资本的来源及作用：网络观点与调查发现》一文中提出："社会资本的存在形式是社会行动者之间的关系网络，本质是这种关系网络所蕴含的、在社会行动者之间可转移的资源。任何社会行动者都不能单方面拥有这种资源，必须通过关系网络发展、积累和运用这种资源"。[①]

研究方法采用的"弱关系—强关系"分析框架来自格兰诺维特（Mark Granovetter）[②] 和边燕杰分别对于弱关系和强关系的研究。

从农民工的社会资本来看，农民工的强关系主要指与自己有血缘关系的家庭关系网络，而弱关系则是与农民工关系不很亲密的社会关系网络，从这个角度出发，周围亲人朋友属于强关系，请客、吃饭、送礼经营的关系是弱关系。

农村外出劳动力在城乡间"候鸟式"的往复流动（白南生，2008）[③]，从每年年底春运可以看出，对家庭的眷恋和对美好生活的向往，工作赚钱后就会把钱寄回老家，2007 年，广东的外省农民工汇回或带回家乡的劳务收入 1300 多亿元，可见农民工还是"两栖式"的生活方式。家庭因素对农民工的职业选择有重要意义。

每年春节过后，会出现暂时性的民工短缺。春节是一个契机，就像俗语说的，"一年之计在于春"，农民工春节过后的职业选择可以总结为三个方向：（1）继续从事原职业；（2）在家务工务农，不外出务工；（3）更换新的职业。从农民工角度出发，可以发现职业流动的内在原因。

（一）经济因素

利益驱动。不可否认，职业流动归根结底是利益驱动的问题。农民工外出务工也是在利益的驱使下选择的，没有一个人愿意背井离乡。在当前，职业还

---

① 边燕杰．城市居民社会资本的来源及作用：网络观点与调查发现［J］．中国社会科学，2004（3）．

② （美）格兰诺维特（Mark Granovetter）著．罗家德译．镶嵌——社会网与经济行动［M］．社会科学文献出版社，2007．

③ 白南生，李靖．农民工就业流动性研究［J］．管理世界，2008（07）．

是人们谋生的手段，通过职业活动，谋取个人生存、发展以及提高家庭物质文化生活水平所需要的经济条件。春节期间，农民工会考虑其他职业在不同地区和不同部门（单位）给劳动者所支付的劳动报酬的差别，选择“高薪”的职业部门（单位），从而导致职业流动。

（二）家庭因素

家庭原因。有家庭的农民工，家庭成员之间需要相互照顾和守望。丈夫有外出务工意愿的，可能会因家庭原因而选择留在家中照顾妻子和孩子；夫妻有同时外出务工意愿的，可能因家庭原因而选择留在家中照顾老人和孩子；已婚夫妇还可能因为孩子到了上学年龄，不能外出而选择不外出打工；没有成家的农民工，选择继续工作打拼赚钱，并为自己以后的生活打下良好的物质基础。

（三）社会心理

春节期间，农民工群体的就业社会心理会发生变化，从而导致职业的流动。春节走亲访友，各种信息和情感交流，总结一年的工作情况，展望未来工作愿景，在与亲友对比和交流中，农民工在主观意识、情感愿望、价值取向上往往会发生变化。这也就导致了农民工会对现有职业的再考虑，对现有职业做出优劣势分析，并且因此做出新的职业选择。

社会人际关系的帮助，亲戚、老乡是农民工外出务工信息的重要来源。在社会关系的信息帮助下，更有利于农民工做出新的选择。

（四）工作因素

工作技能。职业能力水平对职业流动会产生一定的影响，随着农民工在外务工经验的增加、技术的积累，对职业内容和自我实现的要求越来越高，如果当前职业发展不适合个人的职业规划，就会选择一个新的职业。同样对于没有特殊技能和工作经验的农民工，随着工厂职位要求的变化，对于低学历、大龄农民工进行淘汰，从而导致职业流动。

人际关系冲突是促使个体职业流动的原因之一。在职业活动中，人际关系的好坏直接影响着人们劳动的积极性、创造性以及工作效率。人际关系不好，有可能直接促成个体职业流动的发生。农民工的社会地位偏低，因此经常有农民工在工作中受到责骂甚至打骂，许多工厂管理者素质不高，骂人是很经常的事情，另一个就是农民工与当地工友的矛盾冲突。

综合以上原因的分析，可以把经济因素、家庭因素看作是农民工职业流动的内因，把社会因素和工作因素作为农民工职业流动的途径和手段。

二、农民工职业流动影响因素的描述性分析

（一）经济因素

本部分采用的数据系“2009 年珠三角城市外来工调查数据”。该调查由中山大学社会学与社会工作系刘林平教授主持，得到国家教育部哲学社会科学规划办（《金融危机对珠三角农民工的影响》2009JYJR007）和中山大学社会科学调查中心资助。本次调查在珠江三角洲九座城市中的样本量分配，是以外来人口在这些城市中的人口比例为根据，控制了性别、行业和地区分布，共发放问卷 1806 份，回收有效问卷 1766 份。从被调查者的家庭收入组成来看，其主要收入为打工收入。家庭收入各个组成比例均值统计发现，其打工收入所占比例的平均水平在 81%，农业收入所占比例的平均水平在 12%，而经商收入和其他收入所占比例均在 10% 以下。说明对农民工而言，外出打工已经成为其主要经济来源，农业收入对家庭经济条件影响不再明显，农民工之间收入主要倚重其外出打工收入，收入比较也主要由外出打工收入决定。

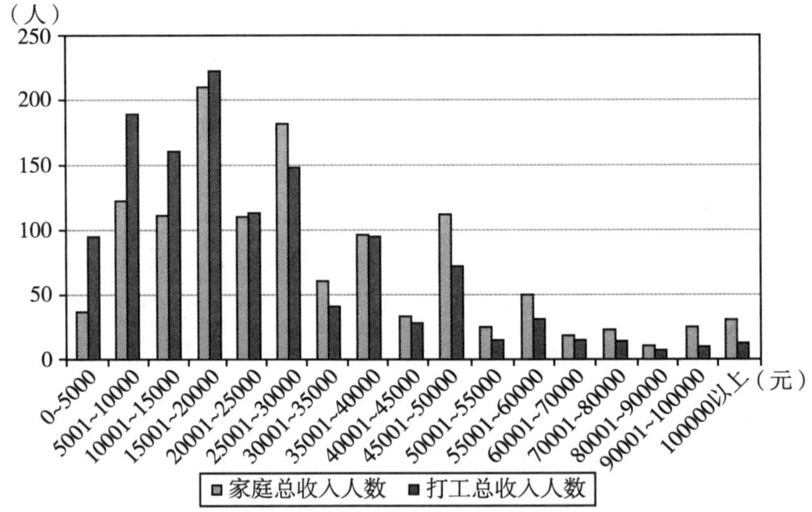

图 2－1　被采访者一年家庭总收入和其中打工总收入频数分布

从图 2－1 中可以看出，家庭总收入与打工总收入区间分布呈现一致性，主要集中在年收入 50000 元以下，同时也说明了打工收入是家庭收入的主要组成部分。家庭年收入和打工收入都集中在 5001～30000 元，以及 35001～40000 元、45001～50000 元；其他收入段分布比较分散且不集中（见表 2－1）。

表 2 - 1　　　　个人初始和现在月收入频数分布

收入区间（元）	0～500	501～1000	1001～1500	1501～2000	2001～2500	2501～3000	3001～3500	3501～4000	4001～4500	4501～5000	5000以上
初始月收入	221	515	395	116	23	10	9	6	2	3	2
现在月收入	5	327	549	272	78	36	6	7	2	9	6

其中初始月收入主要集中在 0～3000 元范围内，以 0～2000 元范围内最多。低收入者占据了相当大一部分，2500 元以上占据了很少部分，说明农民工的初始工作收入普遍较低，而从现在月收入表看，0～500 元收入范围内的明显减少，同时月收入在 501～1000 元的人数明显减少，而月收入在 1001～2000 元的人数明显增加，月收入在 2001～3000 元也有一定增加，但是在 3000 元以上的高收入人数变化不明显，说明农民工主要还是以低收入者较多（见图 2 - 2）。

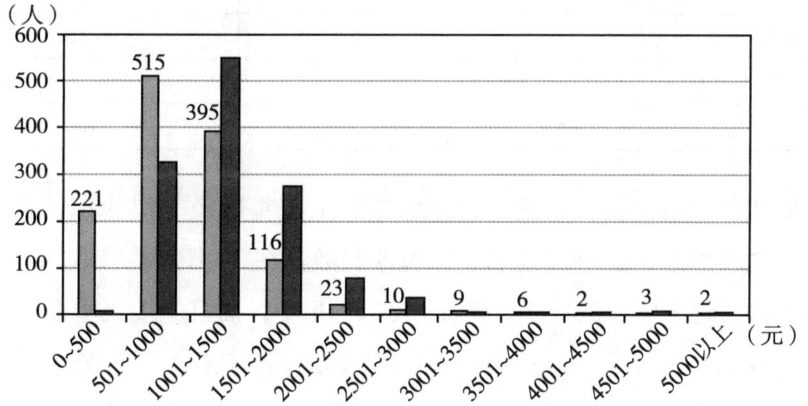

图 2 - 2　初始和现在月收入频数分布

（二）家庭因素

从表 2 - 2 婚姻状况统计可以看出，被调查者未婚者和已婚者各占 50% 左右，未婚者稍多。丧偶和离婚者仅占少数，从某种程度上讲，农民工群体的离婚率不高，家庭关系稳定。

表 2 - 2　　　　农民工婚姻状况统计

婚姻状况	频数	频率（%）
未婚	674	51. 3
丧偶	5	0. 4
离婚	10	0. 8
已婚	625	47. 5
合计	1314	100

结过婚的农民工（包括已婚、离婚、丧偶），拥有孩子的频率高达93.4%，因此已婚家庭多是三口之家或三口以上，从孩子数量可以看出，农民工家庭拥有一个孩子和两个孩子所占比例是最多的，分别占44.87%和42.86%，两者累计频率达87.73%；三个孩子所占比例为9.08%，所占比例并不算低。可以说，已婚农民工家庭在家庭人数和负担上要明显比未婚者高。

配偶所在地主要集中在同一城区，高达51.5%，在同一企业的达到22.1%，在家乡的占18.7%（见表2-3）。可以看出，配偶在一起的农民工达到73.6%。

表2-3　　配偶情况

配偶所在地	频数	频率（%）
同一个企业	137	22.1
同一城区（镇）	319	51.5
家乡	116	18.7
在其他地方	47	7.7
合计	619	100

从家庭成员数量上看，农民工家庭成员数量在4口及5口为多，各占24%左右。而6口之家也占到了14%左右，家庭成员数量在3口以及7口、8口也占据了相当大的部分，这说明家庭成员数量集中在3~8个，而且主要集中在4口以上。

从家庭成员在外打工的人数可以看出，家庭成员中有1名在外打工的占22%左右，有2名家庭成员在外打工的居多，占34%左右，有3名家庭成员的占21%左右，有4名家庭成员在外打工的也有一定比例，占12%左右，5名及以上家庭成员仅占少数。总体上看，在外打工成员在2名及以上的占78%左右（见图2-3）。

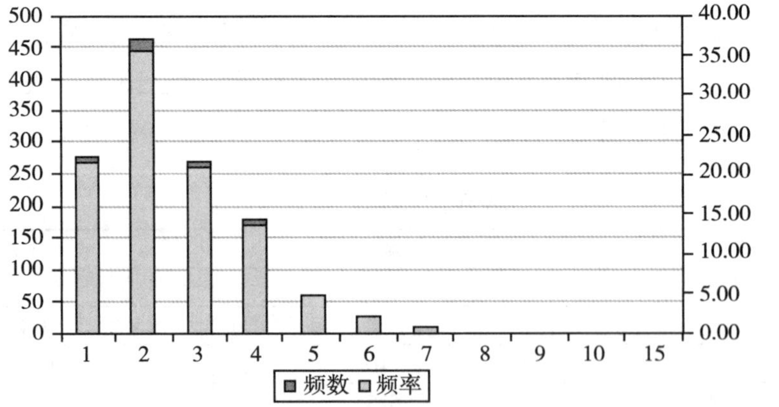

图2-3　家庭成员在外打工的人数

（三）人力资本因素

样本中以初中学历为主，占 52.2%；其次为高中学历，占 20%；小学、中专、职高技校学历的各占 13.9%、11.7%、1.9%；没受过正式教育的仅占 0.3%（见表 2－4）。由此可以得出，农民工普遍文化程度低，但高中和中专学历也占 31.7%，而2008 年进行的第二次全国农业普查数据显示，在外出从业劳动力中，具有高中以上文化程度的仅占 10%，相比而言，文化程度有一定程度的提高。

表 2－4　　文化教育程度

学历	频数	频率（%）	累计频率（%）
小学	183	13.9	13.9
初中	687	52.2	66.1
高中	263	20	86.1
中专	154	11.7	97.8
职高、技校	25	1.9	99.7
没受过正式教育	4	0.3	100
合计	1316	100	

从学历获得时间来看，有 96.7% 的人是在打工前获得了最后学历，也就是说，在打工之后学业就结束了，大部分人打工后并没有继续学习，基本上是以自己最终学历去参加工作的。

从年龄分布图上可以看出，总体分布年轻者占多数，集中在 18～28 岁，28～45 岁分布比较均匀，45 岁以上只占少数。女性与男性相比，年轻者分布更加集中，主要分布于 18～24 岁（见图 2－4）。

从技能证书的拥有情况来看，拥有驾驶证书和计算机证书分别占 11.7% 和 8.7%，拥有技工证书（包括电工、车床、铸造、钳工等技能操作类）占 5.9%，而厨师证拥有者很少，仅占 0.8%。关于其他证书，会计证书、语言证书、维修证书、美容师证书占多数。其他如保安证书、营销证书、文秘证书仅寥寥数个。从证书的拥有情况来看，拥有证书者在总调查取样对象中并不多见的（见表 2－5）。

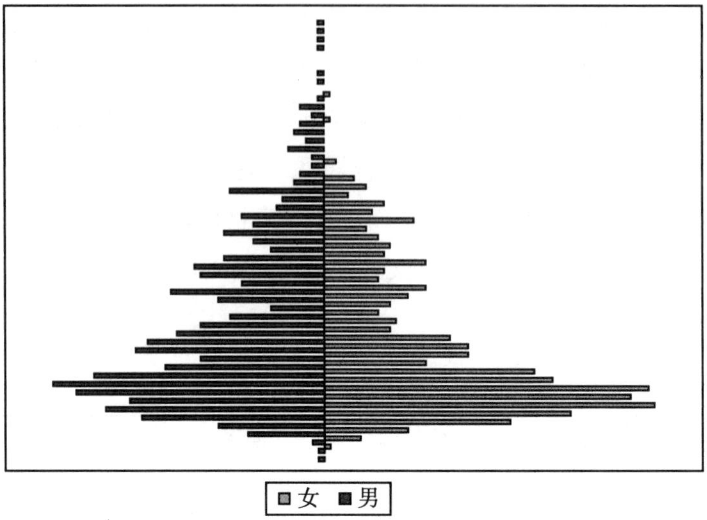

图 2 -4　年龄分布图

注：年龄计算是通过出生年月与调查日期相减计算得出的精确年龄。

表 2 -5　　拥有的相关证书

证书	是否拥有	频数	频率（%）
驾驶执照	是	153	11.7
	否	1157	88.3
计算机相关证书	是	114	8.7
	否	1196	91.3
技工证书（电工、车床、铸造、钳工等）	是	75	5.9
	否	1266	94.1
厨师证	是	10	0.8
	否	1300	99.2
其他	是	94	7.2
	否	1216	92.8

注：该表经过了数据修正，从其他证书里面整理和筛选了有关证书，重新汇总。

（四）社会资本因素

每月请客送礼花费基本很少，不花费的占绝大多数，高达 70.59%，这一方面说明农民工很少把花费经营社会关系；另一方面说明农民工社会关系简单，不需要一定的社会经营。其他请客送礼每月基本在200元以下，说明农民工基本不在请客送礼上过多花费，社会关系经营比较匮乏（见表2－6）。

表2－6　　每月请客送礼花费

每月请客送礼花费（元）	频数	频率（%）
0	924	70.59
1～50	87	6.65
51～100	122	9.32
101～150	31	2.37
151～200	76	5.81
201～250	6	0.46
251～300	32	2.44
301以上	31	2.37
合计	1309	100

好朋友的数量主要集中在2～5个，10个以上的比较分散，但仍然有相当一部分人，农民工的好朋友范围基本在亲戚、同乡伙伴、工厂工友上，好朋友的同质性比较高。

从经济因素来看，打工收入是家庭收入的主要经济组成部分，因此打工收入的高低对家庭物质生活水平影响非常大，而家庭收入主要集中在50000元以下，个人月收入也集中在2500元以下。从家庭因素来看，已婚和未婚的各占50%左右，在已婚的人中，生育小孩的占93.4%，占绝大多数。配偶工作生活趋向于生活在同一城区或者企业，夫妻共同外出打工的方式较普遍。家庭成员一般在3口以上，且有78%的家庭，在外打工的成员在2人及以上。从人力资本因素看，年龄集中在18～28岁，受教育程度一般在初高中且初中居多，占52.2%，小学及中专文化水平各占10%，且96.7%的人在其外出打工以后已经停止再接受过学校教育。从证书拥有情况来看，各类证书虽然拥有的不多，但也有相当一部分人拥有证书。从社会资本因素看，请客吃饭等经营社会关系的花费很少，大部分人的花费为0，足见相当一部分人不会去经营和扩展社会资本，或者因为社会资本比较匮乏不能从事社会交际。

第二节 两代农民工的职业流动状况

本书第一章对农民工职业稳定性的分析表明，新老农民工整体的职业稳定性较差。由于身份与职业相分离的生存状况决定了农民工职业流动的频繁性。我们前期的一项研究也发现，在2005年所调查的武汉市流动人口中，没有转换过工作的只有15.48%，而转换过1次工作的占56.63%，转换过2次工作的占20.92%，转换过3次工作的占4.93%，转换4次及以上的占2.04%（田艳平、杨云彦，2006）。农民工职业的不稳定性不仅表现为候鸟式的城乡迁移，同时也具有明显地在城市内部职业频繁流动的特征。农民工这种在城市与农村之间、城市与城市之间或者同一城市内部的流动，可能是他们未能实现城市融入、成为真正市民的一个重要因素。

本书根据职业流动的方向，将农民工职业流动状况分为职业垂直流动和职业水平流动两种类型。水平流动是指农民工虽然从一种职业转换到另一种职业，但新的职业为其带来的收入、社会资源和社会地位并没有发生明显的提高；垂直流动是指农民工从较低层次的职业向较高层次职业转换的现象。要考察农民工的职业流动，首先要对其从事的职业进行分层。本书采用陆学艺的职业分层法，根据从事不同职业的人在收入水平、资源占有、政治权利等方面的不同，将现有的职业划分出十大社会阶层，分别是：（1）国家和社会管理者阶层；（2）经理人员阶层；（3）私营企业主阶层；（4）专业技术人员阶层；（5）办事人员阶层；（6）个体工商户阶层；（7）商业服务业员工阶层；（8）产业工人阶层；（9）农业劳动者阶层；（10）城乡无业，失业、半失业阶层。（陆学艺，2007）。本书将调查时为初次职业流动的农民工看成未发生职业流动的群体，而调查时不是初次流动的群体都视为发生职业流动的群体。

本书采用的判别农民工职业是水平流动或垂直流动的方法，是通过对比其目前所从事的职业阶层与初次流动时的职业阶层是否相同。当目前的职业阶层与初次流动时的职业阶层相比有所上升，也就是由低阶层上升到高阶层（如由产业工人阶层上升为专业技术人员阶层）时，我们就认为其实现了职业垂直流动，否则即发生职业水平流动。

一、农民工的职业流动状况

在被调查的农民工群体中，初次流动的农民工占65.4%，经历过职业流动的农民工占34.6%，说明我国农民工流动性较强。从农民工职业类型来看，呈现出职业分布较为集中、就业层次较低的特点。无论是初次流动还是经历过职业流动，农民工中的大多数还是集中在产业工人、商业服务业员和个体工商户这三种职业类型上，三者合计占76.7%。其中，个体工商户所占比重最高，为34.5%；其次是产业工人，占23.8%；从事商业服务业员工的占18.4%。而经济收入较高，且拥有较高职业地位和社会经济地位的国家与社会管理者、经理人员和私营企业主的比重之和仅占2.1%。这说明，一方面我国传统服务业和低端行业领域有进一步膨胀的内在趋势；另一方面我国农民工进入城市之后，由于二元劳动力市场的存在，农民工在职业选择过程中面临严重的局限性，受自身条件所限只能进入次级劳动力市场，从事的工作只是一些低技术、劳动条件差、收入水平低、风险高的体力劳动。

对于未发生职业流动的农民工群体来说，他们的职业分布与整个农民工群体的职业分布相类似。而对于经历过职业流动的农民工群体而言，其流动前后的职业分布情况的确发生了较明显的变化。在他们初次流动时，职业类型为产业工人的比重最高，为53.4%。可以看出，在初次流动时，由于缺乏必要的技术、能力和经验，他们中的绝大部分只能进入技术含量不高、劳动密集型的产业，成为最一般的产业工人。在经历过职业流动后，虽然产业工人仍然是农民工所从事的主要职业类型，但与初次流动时相比，农民工中产业工人的比例为44.7%，下降了8.7%。同样的，农业劳动者的比例也有所下降（0.8%）；从事无固定职业的农民工的比例也下降了约7%。总的来看，从事低层次的农业劳动者、产业工人以及没有固定职业的农民工所占的比例共下降了约16.5%。然而，国家与社会管理者的比例并没有明显增加，经理人员、私营企业主、专业技术人员以及办事人员的比例一共上升了6.4%。而个体工商户的比例上升的最多，由初次流动时的7.1%上升到22.2%。将两组数据对比就会发现，虽然许多农民工都发生过职业流动，但大部分职业流动都集中在职业声望比较低的职业之间，实现职业垂直流动的比例很小（见表2－7）。

表 2-7　　农民工职业流动状况与职业类型统计　　单位:%

职业类型	发生过职业流动的		未发生过职业流动	全部样本
	初次流动时	当前流动时	当前流动时	当前流动时
国家与社会管理者	0.1	0.1	0.1	0.1
经理人员	0.1	1.1	0.5	0.6
私营企业主	0.5	1.1	1.4	1.4
专业技术人员	5.6	8.9	7.2	7.9
办事人员	2.2	3.4	2.4	2.7
个体工商户	7.1	22.2	38.0	34.5
商业服务业员工	13.1	14.8	17.2	18.4
产业工人	53.4	44.7	24.1	23.8
农业劳动者	1.8	1.0	2.9	2.4
无固定职业	9.8	2.9	6.3	8.1
合计	100	100	100	100

通过样本数据进一步分析可以看出，农民工内部所从事的职业已经出现了明显的分化。在有职业流动经历的农民工群体中，实现职业垂直流动的占44.6%，未实现职业垂直流动的占55.4%，实现职业垂直流动的农民工所占比例相对较低。农民工就业职位集中在低端劳动力市场的特点决定了农民工就业选择的空间不大，变换工作更多的是同阶层的流动，上升渠道不畅通（刘士杰，2011）。农民工大多只能实现职业的水平流动，一个很重要的原因在于他们经验积累、社会资源的缺失。

具体来看，在实现职业垂直流动的农民工群体中，由低层职业类型垂直流动转换为个体工商户的比例最大。其中，初始职业为无固定职业、农业劳动者、产业工人和商业服务业员工通过职业垂直流动转变为个体工商户的比例分别为24.6%、22.3%、14.5%和22.1%。这与刘传江等（2004）对农民当前的职业类型以及可预期的职业变化的研究结果一致，即通常情况下，农民工都把个体工商户作为职业上升的踏板，通过一定时间的积累和发展，最终实现职业层次的巨大转变。首先，虽然有些个体工商户规模不大、经营范围较小、资金收益能力较低，但是这已经表明，农民工不再安于为别人打工这个职业身份，已经拥有自己的一份事业，能够为其在城市中的生活和发展提供一个强有力的保障。

其次，有10.6%左右的农民工由缺乏技术含量的普通工人转为专业技术人员。最后，管理精英（国家与社会管理者和经理人员）和私营企业主是农民工中的精英分子，往往是农民工的奋斗目标。虽然有一部分农民工能够通过努力实现职业上升，但是达到精英层次的农民工所占的比例依然较小。上升为管理精英和私营企业主的农业劳动者、产业工人和商业服务业员工的比例分别为0.6%、1.6%和2.0%（见表2－8）。

表2－8　农民工职业流动情况统计　单位:%

初次流动时的职业类型	当前职业类型									
	国家与社会管理者	经理人员	私营企业主	专业技术人员	办事人员	个体工商户	商业服务业员工	产业工人	农业劳动者	无固定职业
国家与社会管理者	0.0	0.0	26.7	23.3	0.0	20.0	26.7	3.3	0.0	0.0
经理人员	0.0	82.4	0.0	0.0	5.9	11.8	0.0	0.0	0.0	0.0
私营企业主	0.0	0.6	34.2	0.6	0.0	25.9	6.3	31.6	0.0	0.6
专业技术人员	0.3	3.0	1.1	61.9	5.3	12.4	5.7	8.8	0.6	0.8
办事人员	0.0	2.9	1.3	5.4	43.4	19.7	7.1	19.0	0.9	0.3
个体工商户	0.0	0.4	0.4	1.7	0.7	84.1	6.8	5.2	0.1	0.6
商业服务业员工	0.2	1.3	0.5	5.1	3.0	22.1	50.6	15.5	0.2	1.7
产业工人	0.0	0.7	0.9	5.5	1.9	14.5	8.7	66.2	0.6	1.1
农业劳动者	0.0	0.2	0.4	9.7	2.3	22.3	8.3	30.5	23.4	2.9
无固定职业	0.2	1.5	1.4	7.3	2.8	24.6	11.1	31.9	1.4	17.8

二、农民工职业流动的代际比较

新生代农民工和老一代农民工在初次职业选择时更多地倾向于一般劳动力职业（商业服务业员工、产业工人、农业劳动者及无固定职业者），其所占比重分别为85.4%和76.9%，而在其后的职业转换中，新生代农民工当前职业为一般劳动力比例为71.2%，下降了14.2个百分点；老一代农民工当前职业为一般劳动力比例为56.2%，下降了20.7个百分点，这说明老一代农民工职业垂直流动的可能性高于新生代农民工（见表2－9）。

表 2-9　农民工职业类别与职业分层　单位：%

职业分层	职业类型	新生代		老一代	
		初始职业	现职业	初始职业	现职业
管理精英	国家与社会管理者、经理人员、私营企业主	0.2	1.3	1.5	3.0
技术精英	专业技术人员、办事人员、个体工商户	14.4	27.5	21.6	40.8
一般劳动力	商业服务业员工、产业工人、农业劳动者、无固定职业者	85.4	71.2	76.9	56.2

表2-10和表2-11的数据显示，新生代农民工发生职业垂直流动的占24.8%（这里的职业垂直流动是现在工作职业与初次工作职业的比较）；老一代农民工发生职业垂直流动的占29.5%，可见，两代农民工实现职业垂直流动比重较低，这也说明农民工群体处于劳动力市场的低端，就业选择的范围较小。

表 2-10　新生代农民工职业流动情况统计　单位：%

初始职业	现在职业						
	国家与社会管理人员及经理人员	私营企业主	专业技术人员	办事人员	个体工商户	商业服务员工	产业工人
国家与社会管理人员及经理人员	0.0	0.0	36.8	0.0	21.1	42.1	0.0
私营企业主	0.0	20.0	0.0	0.0	20.0	0.0	60.0
专业技术人员	3.4	0.1	61.2	6.7	10.0	6.7	11.9
办事人员	0.7	2.0	7.7	49.6	12.9	9.9	17.1
个体工商户	0.6	0.4	3.3	1.1	78.9	7.7	8.1
商业服务员工	1.5	0.3	5.5	4.2	15.0	56.3	17.3
产业工人	0.5	0.5	5.2	2.1	9.9	10.4	71.4

表 2－11　　老一代农民工职业流动情况统计　　单位：%

初始职业	现在职业						
	国家与社会管理人员及经理人员	私营企业主	专业技术人员	办事人员	个体工商户	商业服务员工	产业工人
国家与社会管理人员及经理人员	63. 60	18. 20	0. 00	4. 50	11. 40	0. 00	2. 30
私营企业主	0. 60	35. 10	0. 60	0. 00	26. 60	6. 50	30. 50
专业技术人员	3. 40	1. 90	64. 10	4. 20	14. 70	5. 10	6. 50
办事人员	6. 70	0. 40	2. 20	35. 20	30. 40	3. 00	22. 20
个体工商户	0. 30	0. 40	1. 20	0. 60	86. 60	6. 60	4. 30
商业服务员工	1. 60	0. 80	4. 80	1. 50	32. 70	45. 00	13. 80
产业工人	0. 90	1. 30	6. 00	1. 80	19. 00	7. 50	63. 60

从交叉分析表中可以看出，新生代农民工发生垂直流动主要由产业工人、商业服务人员向个体工商户、办事人员、专业技术人员转变。初始职业为产业工人者发生职业垂直流动主要集中在向个体工商户，商业服务人员垂直流动方向也主要集中在个体工商户，其发生职业垂直流动的比例分别为 9. 9% 和 15. 0% 。由商业服务人员上升为办事人员和专业技术人员的比例不大，分别为 4. 2% 和 5. 5% ；产业工人上升为办事人员和专业技术人员的比例分别为 2. 1% 和 5. 2% 。管理精英（国家与社会管理者和经理人员）和私营业主是农民工职业垂直流动中的精英层次，商业服务人员和产业工人通过垂直流动成为管理精英和私营业主的比例分别为 1. 8% 和 1% 。

老一代农民工发生垂直职业流动方向也主要集中于向个体工体工商户流动，其中产业工人、商业服务人员向个体工商户流动比例为 19. 0% 和 32. 7% 。这可以看出老一代农民工职业流动发生垂直流动可能性比新生代农民工大。由商业服务人员上升为办事人员和专业技术人员的比例不大，分别为 1. 5% 和 4. 8% ；产业工人上升为办事人员和专业技术人员的比例分别为 1. 8% 和 6. 0% 。老一代农民工中，商业服务人员和产业工人通过垂直流动成为管理精英和私营业主的比例分别为 2. 4% 和 2. 2% 。

农民工职业流动的目的是提高自己货币收入水平，进一步地提高家庭经济条件，第一代农民工比新生代农民工更加期望收入水平的提高。

从流动方向来看，新生代和老一代农民工存在较大差异，新生代农民工初始职业为产业工人和商业服务业员工的比例高于老一代农民工。在老一代农民工中，初始职业为产业工人和商业服务业员工总比例为76.9%，当前职业为产业工人和商业服务员工的总比例为56.2%，说明总体上老一代农民工实现垂直流动比例为20.7%。在新生代农民工中，初始职业为产业工人和商业服务业员工总比例为85.3%，当前职业为产业工人和商业服务员工的总比例为71.2%，说明总体上新生代农民工实现垂直流动比例为14.1%，老一代农民工实现垂直流动的比例大于新生代农民工（见表2-12）。

表2-12　两代农民工职业流动情况汇总　单位：%

初始职业	现职业					
	新生代			老一代		
	高端职业	中端职业	低端职业	高端职业	中端职业	低端职业
高端职业	4.20	50.00	45.80	45.50	24.70	29.80
中端职业	2.50	77.80	19.70	2.80	84.70	12.40
低端职业	1.10	18.90	79.90	2.30	28.70	69.00

第三节　农民工职业流动影响因素的代际比较

由前述分析可知，新老农民工职业流动影响因素存在较大差异。不论新生代还是老一代农民工职业流动都较为频繁，因此，为更好地分析两代农民工职业流动影响因素的代际差异，我们分别就其新生代农民工职业流动影响因素以及老一代农民工职业流动影响因素进行二项Logistics回归分析，模型变量说明如表2-13所示。

表2-13　农民工职业流动影响因素二项Logistics回归模型变量说明

代码		变量名称	变量定义
Y	职业流动方向	水平流动	水平流动=0
		垂直流动	垂直流动=1

续表

代码		变量名称	变量定义
X	个体因素	性别	男 =1，女 =2
		婚姻状况	已婚 =1，未婚 =2
		教育程度	高中以上 =1，初中及其以下 =2
		年龄	单位：年
	家庭因素	家庭收入	调查对象家庭月收入
		15 岁以下子女数	一个及以下 =1，2 个及以上 =2
	工作状况	每天工作时间	单位：小时
		每周工作天数	六天及以下 =1，7 天 =2
		劳动合同签订类型	有固定期限 =1，无固定期限 =2，未签订劳动合同 =3，其他 =4
	未来预期	是否愿意留在本地	是 =1，未定 =，2，否 =3，

回归结果如表 2－14 所示。从回归结果来看，家庭收入对两代农民工职业流动方向并不显著，表明家庭收入的不同并不会影响到农民工职业流动的方向。

表 2－14　农民工职业流动影响因素二项 Logistics 回归结果

变量	新生代		老一代	
	B	Exp（B）	B	Exp（B）
年龄	0.023***	1.023	－0.036***	0.965
性别（女）	0.217***	1.242	0.114***	1.121
婚姻状况（未婚）	0.01	1.01	－0.3**	0.741
教育水平（初中及以下）	0.297***	1.346	0.331***	1.392
平均每日工作时间	0.024**	1.024	0.033***	1.034
平均每周工作天数（7 天）	－0.373***	0.688	－0.129***	0.879
劳动合同类型（未签订）				
固定合同	－0.319***	0.727	－0.068	0.934
不固定合同	0.012	1.013	0.111	1.118
其他	1.058***	2.882	1.491***	4.441
家庭月收入	0	1	0	1
15 岁以下子女数量（2 个及以上）	0.351***	1.42	－0.292***	0.747

续表

变量	新生代		老一代	
	B	Exp（B）	B	Exp（B）
是否留在本地（否）				
是	0.609 ***	1.838	0.46 ***	1.584
不确定	0.123	1.131	0.047	1.048
常量	-2.702	0.067	-0.443	0.642
模型检验	1121.903 ***		2202.740 ***	

注：自变量括号内为参照类，因变量参照类为职业水平流动。其中 *** Sig. ≤0.01， ** Sig. ≤0.05， * Sig. ≤0.1。

对新生代农民工职业流动方向产生显著影响的主要因素有：年龄、性别、教育水平等个人因素；每周平均工作时间、每天平均工作时间及劳动合同签订方式等工作状况；15 岁以下家庭子女数量等家庭因素；是否将来留在本地的未来预期因素。对老一代农民工职业流动方向产生显著影响的主要因素有：年龄、性别、婚姻状况、教育水平等个人因素；每周平均工作时间、每天平均工作时间及劳动合同签订方式等工作状况；15 岁以下家庭子女数量等家庭因素。可见，对两代农民工职业流动方向影响因素存在差异。年龄、性别、教育水平、平均每周工作时间、15 岁以下子女数量及将来打算留在本地对两代农民工职业流动方向均有显著性影响。不过有些因素对不同代际农民工职业流动方向影响存在差异。年龄对两代人职业流动影响非常显著，但是影响方向相反。新生代农民工的发生比为 1.023，说明新生代农民工年龄越大，其发生职业垂直流动的可能性越高，年龄每增加一岁，发生职业垂直流动可能性为原来的 1.023 倍。老一代农民工的发生比为 0.956，说明老一代农民工年龄越大，其发生职业垂直流动的可能性越低。年龄每增加一岁，发生职业垂直流动可能性为原来的 0.956 倍。

性别对两代农民工职业垂直流动都有显著影响，且影响方向一致，相对女性而言，两代男性农民工发生职业垂直流动的可能性分别是女性的 1.242 倍和 1.121 倍。

婚姻状况只对老一代农民工的职业流动有显著影响，老一代农民工发生比为 0.741，说明相对未婚者，老一代农民工已婚者发生垂直流动可能性低，是未婚者的 0.741 倍，婚姻状况对新生代影响不明显。

教育水平程度对两代农民工职业流动都有显著性影响，相对于初中及其以下教育水平者，高中及其以上者发生职业垂直流动的可能性高。

从显著性水平来看，平均每天工作时间对老一代影响职业流动方向影响较大。老一代农民工的发生比为 1.034，说明老一代农民工平均每天工作时间越长，其发生职业垂直流动的可能性越高。

平均每周工作天数对两代农民工职业流动都有显著性影响，新生代农民工的发生比为 0.688，相对平均每周工作 7 天者，平均每周工作 6 天及以下者发生职业垂直流动的可能性的 0.688。同理，老一代农民工中平均每周工作 6 天及以下者发生职业垂直流动的可能性也低于平均每周工作 7 天者。

在劳动合同签订类型中，签订固定劳动合同者仅对新生代农民工有显著影响，其发生比为 0.727，相对于未签订劳动合同者，其发生职业垂直流动的可能性低。签订非固定劳动合同者，对两代农民工垂直职业流动影响不显著。签订其他劳动合同对两代农民工职业流动方向影响显著，相对于未签订劳动合同者，他们发生职业垂直流动的可能性高。

15 岁以下子女数量对两代农民工职业流动方向影响均显著，但是影响方向相反。新生代农民工的发生比为 1.42，说明新生代农民工 15 岁以下子女数量 1 个及以下者，相对 2 个及以上者，其发生职业垂直流动的可能性高；老一代农民工的发生比为 0.747，说明老一代农民工 15 岁以下子女数量一个及以下者，相对 2 个及以上者，其发生职业垂直流动的可能性低。在“是否留在本地”选项中，留在本地者的两代农民工，相对于不留在本地的农民工，其发生职业垂直流动的可能性高。

第三章　农民工收入分层及其影响因素的代际差异

研究职业不可避免要从社会分层说起。社会分层理论研究的是人们的利益差别、地位差别和不均等、不公平现象，利益、地位的差别和不均等是一种客观事实，对于它可以有不同的观察角度，不同的分层理论家也有着不同的研究视角，如考察收入差别，职业差别以及财产、权力、声望、教育等方面的差别，由此便形成了社会分层的多种标准。在社会分层理论中，卡尔·马克思和马克思·韦伯提供了不同的研究方法，但他们给出了最基本的理论模式和分析框架，为研究职业流动和收入分层提供了丰厚的理论基础。收入分层是对社会分层的细化和继承，但收入分层很少有人去研究它，一是因为收入分层现象在社会分层中已有所体现，而且社会分层的研究比较早也比较成熟；二是因为收入分层一般作为独立研究的参考模式，如在同一群体特征的人，或者同一个原始职业的人，并不需要再去细致展开研究。

韦伯认为，对社会成员进行阶层划分有三重标准，即经济标准（财富）、政治标准（权力）和社会标准（声望）。收入分层就是以经济标准进行社会分层的。韦伯认为，财富指社会成员在经济市场中的生活机遇，也就是个人用其经济收入来交换商品与劳务的能力，即把收入作为划分社会阶级、阶层结构的经济标准。社会标准指个人在他所处的社会环境中所获得的声誉与尊敬。之后的社会分层的研究都是以此为基础发展演进的。特别是在最近几十年中，西方社会分层理论发展成三大派别：第一派是阶级学派，主张社会阶级划分，以怀特为代表的新马克思主义学派和以高德索普为代表的新韦伯学派，都强调从非经济资源的占有来划分社会阶层；第二派是以戴蒙为代表的，主张以职业声望来划分阶层；第三派则是以布迪厄为代表的，主张以消费嗜好或者是偏好来划分阶层，即属于哪个阶层并不在于其财富的多少，更重要的是他们消费了什么、消费了哪个阶层的物品。

我国收入分层研究也主要是建立在社会分层的基础上进行的，宋惠敏（2011）从韦伯多元分层理论出发，对农民工收入、文化、职业结构、政治权利等方面去分析，发现收入不仅分为高、中、低三层，不同经济收入的农民工文化、职业结构、政治权利也明显不同。[①] 陆学艺（2002）依据职业分化和3种重要资源（组织资源、经济资源和文化技术资源）的不同占有情况，把当代中国人划分为十大社会阶层[②]。仇立平（2001）则以职业指标为分类依据，通过调查受访者对50种职业的收入、权力、声望等的评价，得出了50种职业的综合评价以及其收入、权力、声望的各自得分和排名[③]。这给以后研究职业地位比较和实证研究提供了方法和模板。收入分层与职业息息相关，因此有学者刘丁等（2001）基于社会分层理论和人力资本理论分析了我国人力资本存量对劳动者收入分层的影响，人力资本是影响职业的，进而影响收入，结果发现我国自1949年以来收入分层和人力资本之间的相关关系在不同阶段收入分层特征不同，特别是改革开放以后人力资本收益率提高，出现了明显的收入分层现象[④]。也有学者从性别的角度去研究对职业的影响，进而分析对收入分层的作用。吴愈晓等（2009）研究了职业的性别隔离对当前中国城镇在职人员收入性别差异的影响。分析结果发现，职业的性别隔离是当前国有部门城镇职工性别收入层的主要决定因素，但在非国有部门不明显[⑤]。吴正俊（2004）则从宏观上分析了我国个人收入分层化，进而导致收入差距拉大，不利于实现共同富裕，他认为我国应该改善收入分配制度[⑥]。

农民工群体内部的分化，以收入上的差距为开端，逐步影响到文化和心理层面（张涛，2007）。农民工收入的差距过大，将会直接影响人民的生活水平、社会的稳定和国家经济的持续增长。从代际差异的角度分析农民工收入分层的影响因素，能够了解农民工群体收入异质性的代际差异，有针对性地提高农民工的收入水平，缓和贫富差距，促进社会的和谐发展。本章首先从理论上归纳影响农民工收入分层的影响因素，然后就其代际差异进行实证分析。

---

① 宋惠敏．中国农民工经济收入分层化实证研究［J］．特区经济，2011（03）．
② 陆学艺．当代中国社会十大阶层分析［J］．学习与实践，2002（03）．
③ 仇立平．职业地位：社会分层的指示器——上海社会结构与社会分层研究［J］．社会学研究，2001，（03）．
④ 刘丁，谭琳．人力资本存量对我国劳动者收入分层的影响［J］．人口与经济，2001（04）．
⑤ 吴愈晓，吴晓刚．城镇的职业性别隔离与收入分层［J］．社会学研究，2009（04）．
⑥ 吴正俊．个人收入分层化与经济社会的持续发展探析［J］．生产力研究，2004（03）．

第一节　农民工收入分层的影响因素

如前所述，在我国研究农民工收入分层不多，学者们通常将收入分层作为社会分层的最基本层面研究，并不会单独列出作为研究的主要内容。一是因为收入分层现象在社会分层中已有所体现，而且社会分层的研究比较早也比较成熟；二是因为收入分层一般作为独立研究的参考模式，例如，在同一群体特征的人，或者同一个原始职业的人，并不需要再去细致展开研究。

农民工普遍被认为是同质性很高的群体，即农民工社会地位是统一的。但农民工不是一种职业，它不同于“农民”，农民工是分布于各行各业的，因此农民工群体内部之间也存在收入分层的现象。张涛（2007）研究发现，当前农民工群体的内部分层主要体现在收入分层上，下层和中下层的收入者居多，且不同收入的农民工文化心理层面出现内部分化，不同收入层次的农民工在社会公平认同度、解决纠纷途径以及对未来生活的预期等方面存在差异①。收入分层是指社会成员在生活中由于经济收入差异，而导致获取社会资源和机会不均等，从而出现高低有序的等级或层次的现象。也就是在收入的不同会带来社会资源和使用的不同。从城市化的角度来研究农民工的收入分层，也会体现在职业、居住、公共服务、生活消费、心理认同和政治权利方面表现出城市化的不同倾向性，从而在消费、居住环境、社会参与等方面出现分层现象。农民工的经济地位（主要是指经济收入）是由市场决定的（杜书云、张广宇，2004），特别是对于经济地位高于社会地位的人来说，这些市场因素相对于传统的计划经济是新生的，许多没有正式职业的人会在这一市场中通过市场经济收入的提高来获得自己的生存地位。特别是在当前市场情况下，农民工和城市工人的待遇差异主要是在社会保障方面。农民工的社会保障水平普遍低于城市工人，拥有养老保险的占16.3%，拥有失业保险的占6.2%，能够报销部分或全部医疗费的占28.4%（李培林、李炜，2006）。因此，农民工经济收入的重要性更加凸显，对应职业选择，经济收入是重要的影响因素。农民工作为城市的建设者，身份上

① 张涛．农民工群体内部分层及其影响：以收入分层为视角——武汉市农民工思想道德调查分析报告［J］．青年研究，2007（06）．

却仍然是农民，是社会中特殊的群体。

职业流动对农民工收入具有较大的影响。部分学者认为农民工通过职业流动可以提高收入水平。目前我国的法律制度还不健全，工会组织并没有发挥它应有的职能，农民工的谈判能力较弱，不太可能通过与企业议价的方式来提高工资水平，只能被动接受，而农民工的职业流动本身就是对人力资本的间接投资，农民工可以通过职业的转换，学习不同的职业技能，接受不同的职业培训，这些都会对农民工工资收入的提高产生有利的影响①。也有一部分学者认为职业流动不利于农民工收入的增加。因为工作稳定，与单位签订长期的劳动合同，在单位工资的年限越高，农民工的专用人力资本的积累更强，可替代性越小，因而企业为了留住这部分农民工会提高他们的工资水平。而频繁变换工作的农民工的职业经验积累欠缺，也难以形成牢固的业缘关系网，这些都会对他们的工作收入产生不利影响②。还有一些学者认为职业流动不会对农民工收入产生显著影响。研究表明，当农民工从农村流入城市时，由农业劳动转换为工业劳动，他的工作收入水平会显著提高，而进入城市后工资是否发生过变化，或者频繁变换工作会不会对农民工的收入产生明显的影响，并不明确③。

此外，学者们还从不同角度考察了职业流动对农民工收入的影响。第一，职业流动类型与农民工收入。不同的职业流动类型会对农民工收入产生不同的影响。职业流动类型可以分为城市内流动、城市间流动，行业内流动、行业间流动，工作原因引起的职业流动、家庭原因引起的职业流动等类型。其中，城市间流动，低收入群体的行业内流动以及因为工作原因流动的男性农民工的收入水平都会因为职业的转换而明显提高④。城市内流动、高收入水平农民工的行业内流动以及因为家庭原因发生职业流动的女性农民工的收入水平会因为职业的频繁流动而降低⑤。第二，职业流动频率与农民工收入。李萌（2004）从进城农民工职业流动的频率对他收入水平的影响做了细致的研究⑥。结果表明，越频繁的变化工作，月工资收入水平越高，也就是说职业流动能够有效地提高农民工的工资收入。

职业流动对农民工社会地位也会产生影响。学者们大多认为农民工通过职

---

① 蔡昉等．中国劳动力市场转型与发育．北京：商务印书馆，2005.
② 谌新民，袁建海．新生代农民工就业稳定性的工资效应研究．华南师范大学学报，2012（05）：94.
③ 刘士杰．人力资本、职业搜寻渠道、职业流动对农民工工资的影响，人口学刊，2011（05）：22。
④ 黄乾．工作转换对城市农民工收入增长的影响．中国农村经济，2010（09）：21－31。
⑤ 谢勇．农民工就业流动的工资效应研究——以南京市为例．人口与发展，2009（04）：59－60。
⑥ 李萌．劳动力市场分割下乡城流动人口的就业分布与收入的实证分析．人口研究，2004（06）：83。

业流动很难获得社会地位的上升。农民工的初次职业流动能够带来职业地位的大幅度上升，但是由于缺少社会资源、业绩和地位不能累积、缺少社会地位的上升途径并且社会地位难以继承等原因，农民工再次职业流动职业地位的变化不明显，基本上还是保持水平流动，社会身份并没有因此改变①。另外，农民工职业流动也会对企业和社会管理产生一定影响。由于农民工群体普遍的高流动性，用工单位基于成本的考虑，较少会为农民工提供系统专业的技能培训，同时也把农民工的工资福利待遇压缩到最低的水平，并且较少与其签订长期正式的用工合同。农民工频繁的变化工作也会在社会范围内引起摩擦性失业，增加城市管理的难度②。

根据相关研究，我们将影响农民工收入分层的影响因素归纳为三个方面：一是个人因素，主要包括性别、受教育程度、婚姻状况、是否接受过职业培训、流动类型等。性别会影响务工者选择不同工种，间接影响收入；受教育程度是衡量人力资本的一个重要衡量指标，在找工作过程中学历的高低直接影响最低工资水平；是否接受职业培训，直接影响个人的职业技能，继而体现在收入水平上，有学者认为，短期培训和正规培训对其工资收入有着重要的决定作用（王德文，2010）；务工者结婚与否也会对其工资收入产生影响，如结婚的农民工更有迫切的愿望去获得高收入，并付诸行动。二是家庭方面对农民工收入的影响。收入决定支出，然而支出对于收入也存在一定反作用。支出的增加，激发人们获得高收入的欲望。精神力量驱动人民通过各种途径，获得收入水平上的提高。三是职业的影响因素。职业的差异直接带来的便是工资差异。

第二节　农民工职业流动与收入分层分析

一、农民工职业流动对收入分层的理论假设

收入分层是指社会成员在生活中由于经济收入差异，而导致的获取社会资

① 殷晓清．农民工就业模式对就业迁移的影响．人口研究，2001（03）：54－62。

② 丁煜等．影响农民工职业稳定性的分析框架与实证研究．甘肃行政学院学报，2003（02）：55－56.

源和机会不均等，从而出现高低有序的等级或层次的现象。收入的不同也会带来社会资源和使用的不同。从城市化的角度来研究农民工的收入分层，会体现在职业、居住、公共服务、生活消费、心理认同和政治权利等方面表现出城市化的不同倾向性，从而在消费、居住环境、社会参与等方面出现分层现象。在职业流动的影响因素中，初始工作收入对职业流动有显著影响，对此职业流动前后个人收入是否发生了变化？当前工作收入是否因职业流动而产生明显的与众不同？不仅仅是收入，其消费水平、居住环境、未来打算是否也在农民工群体中产生了分异？而这种分异与职业流动次数之间是否存在显著的相互关联？为了研究上述四个问题，本节展开以下分析。从当前研究出发，做出以下假设：

假设 H3－1 职业流动对职业流动前后的收入变化有显著影响。

假设 H3－2 农民工的消费水平、居住环境、未来打算也产生了分异。

假设 H3－3 职业流动对收入分层的影响是显著。

从职业流动研究出发，职业流动的动因就是经济因素和家庭因素，农民工职业流动频率明显不同，因此当前的收入以及流动前后的收入变化是明显不同的，可以假设农民工当前收入已经产生分异，而且农民工收入的变化也与职业流动息息相关。在福利保障制度缺失的条件下，农民工收入决定了农民工生活状态和生活水平，因此在农民工在消费水平、居住环境以及未来打算也不同程度产生变化，由此可以验证假设，职业流动对农民工收入分层是有影响的。

二、农民工职业流动对收入分层影响

（一）方差分析

方差分析（analysis of variance）是由英国统计学家 R. A. Fisher 于 1923 年提出的。方差分析实质上是关于观测值变异原因的数量分析。[①] 从数据统计特征说，方差分析是在可比较的数组中，把数据间总的“方差”按各自指定的方差来源进行分解，然后发现方差分解后各个因素之间是否存在显著性差异的一种数据处理技术。

① 方福德，周吕，丁谦等．现代医学实验技巧全书·下册［M］．北京：北京医科大学中国协和医科大学联合出版社，1995.

具体来说就是方差是可以分解和加总的，总方差可以分解为组内方差和组间方差。因此组内方差是由实验中一些希望加以控制的非实验因素和一些未被有效控制的未知因素造成的变异，如个体差异、随机误差等。组内方差是具体某一同处理水平之内的样本，因此在对总体变异进行估计时不涉及研究的处理效应。组间差异不仅包括组内变异的误差因素，还包括不同组之间由于所接受的处理不同所造成的影响。如果研究数据的总方差主要是由于在不同处理条下造成的，那么组间方差在总方差中应该占较大比例，也由此可以看出不同处理之间是否存在较大差异。

通过此种方法可以发现不同“处理”下个数组的不同之处，并发现它们之间的差异。把每个农民工的调查数据作为一个样本来对待，把职业流动不同次数作为同一因素在不同水平下来处理，然后通过方差分析比较不同职业流动次数下农民工职业地位的变化。职业地位变化在经济收入上的变化最为明显，也是最为可计量的。比较职业初始工作收入和现在工作收入，可以发现收入水平的变化。

（二）职业流动对收入分层影响实证分析

方差分析的结果显示，组内组间方差差异很大，非常显著，说明不同流动次数下收入增长变化的差异明显。从表 3－1 中就可以看出各流动次数收入变化均值明显不同。

表 3－1　　方差分析结果 1

	平方和	df	均方	F 值	显著性
组间	122500000.00	10	12250000.00	16.807	0.000
	89930000.00	1	89930000.00	123.361	0.000
	32590000.00	9	3621066.09	4.967	0.000
组内	919900000.00	1262	728960.65		
总数	1042000000.00	1272			

从收入变化均值可以看出，收入变化随着流动次数的增加呈现明显的上升趋势，而且职业流动的第 1 次收入变化增幅最大，职业流动 4 次以后有下降趋势，在职业流动 8 次以上收入变化增幅有继续上升趋势，职业流动 10 次以上略有下降，但在一个较高的收入增长水平上（见表 3－2）。

表 3 -2　　方差分析结果 2

职业流动次数	频数	均值	标准差
0	387	13.07	63.02
1	174	350.85	99.64
2	196	477.45	54.81
3	221	589.46	102.43
4	100	839.20	82.49
5	75	704.47	108.28
6	42	909.76	153.02
7	16	556.25	310.76
8	15	806.67	296.90
10	27	1000.90	191.53
10 次以上	209	32.15	8.72

从表 3 -3 可以看出，收入增长的变化存在方差非齐性，虽然不影响软件进行方差分析，但对单因素方差分析结果可靠性有影响，因此采用多独立样本的非参数统计对其进行二次检验。

表 3 -3　　方差齐性检验

方差齐性检验	df1	df2	显著性
18.437	10	1262	.000

检验结果显示，各职业流动水平下收入变化均值存在显著差异，即说明职业流动次数对收入增长变化影响是显著的，而且对收入变化影响是正相关的(见表 3 -4)。

表 3 -4　　非参数统计的检验结果

	样本量	均值	Chi - Square	df	显著性
收入变化	1273.00	160.00	5.555e2a	10	0.000

通过第二次检验 KW 秩和检验结果显示，职业流动次数多对经济收入的变化有促进作用。随着职业流动次数的增加，收入增长变化越来越大，且第 1 次职业流动时变化最为明显，之后职业流动导致的收入变化趋于平缓，但仍然有上

升趋势，从第6次到第7次有下降变化，可能与第6次收入变化数据异常有关，但总体是呈现上升趋势（见图3-1）。

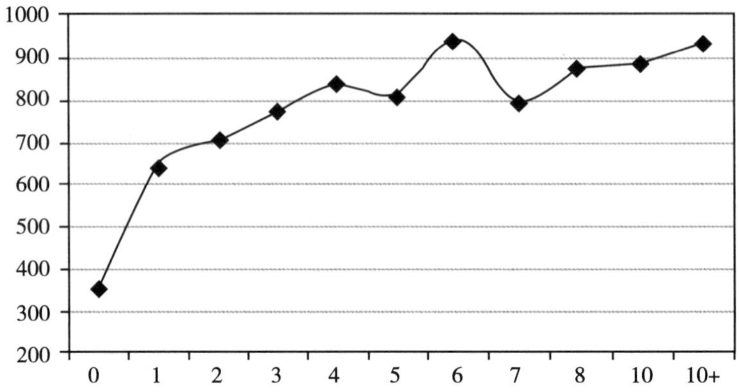

图3-1　Kruskal-Wallis（KW）检验示意图

发生过职业流动的农民工在当前收入要比未发生职业流动的农民工收入高。至于是否发生职业流动的农民工在统计上显著比未发生职业流动的农民工高需要进行T检验（见表3-5）。

表3-5　样本分组比较统计

	流动与否	N	均值	标准差	均值标准误
当前收入	1	893	1558.30	891.72928	29.84058
	0	405	1440.30	601.49837	29.88869

通过均值T检验发现，当前经济收入在职业流动过与未流动过的农民工比较发现，其显著性为0.005<0.01，非常显著。说明发生职业流动的农民工在当前经济收入上也要比未发生过职业流动的农民工收入高，由此说明职业流动对经济收入有促进影响作用（见表3-6）。

表3-6　当前经济收入的T检验

	方差齐性检验		均值T检验		
	F	显著性	t	Df	显著性（2-tailed）
方差齐性	6.165	0.013	2.424	1296.00	0.016
方差非齐			2.793	1111.00	0.005

为了更好地体现职业流动水平，把在不同流动次数水平下的农民工分为5

组，第一组为非流动者，流动次数为0；第二组为一般流动者，流动次数为1～3次；第三组为中等流动者，流动次数在4～6次；第四组为频繁流动者，流动次数为7～10次；第五组为高度流动者，流动次数为10次以上。

方差分析的结果显示，其显著性水平为0.013<0.05，说明不同职业流动次数之间，当前收入存在显著差异。

从图3-2可以清晰地发现，随着农民工职业流动次数的增加，农民工当前收入呈现上升趋势，这也说明流动越频繁，收入越高。不同流动水平的职业流动者当前收入存在差异。

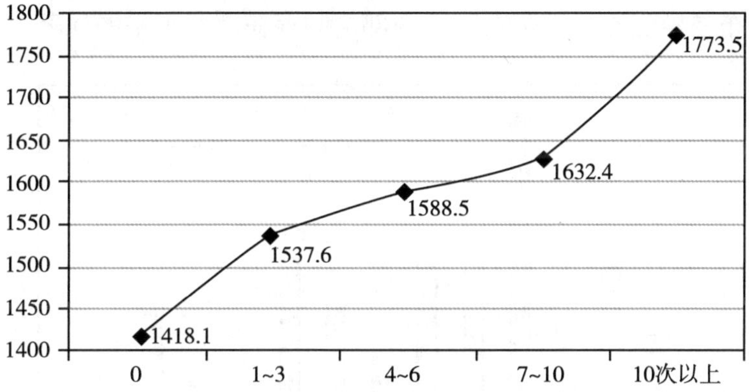

图3-2　当前收入与流动次数关系

消费、娱乐、居住环境、未来打算是农民工参与城市生活的基本属性，消费是生活的基本内容，娱乐是生活的基本调节，居住环境能够体现生活的基本状况，未来打算是生活的基本设想。从这四个基本方面出发，观察农民工的社会参与情况，对了解农民工收入分层现象有重要意义，同时也能发现农民工群体内部的城市融合情况差异比较。李伟东（2006）认为经济的适应性可以从消费和娱乐情况去考察，社会适应性可以从社会交往和参与去衡量。[①] 因此，可以通过对农民工在城市生活的状态，围绕农民工的消费、娱乐消费、生活环境和未来打算，来考察农民工的城市社会适应情况。

通过表3-7可以看出，个人消费水平和文化娱乐消费水平变异系数分别为0.86和1.96，这说明农民工群体内部的消费水平存在显著性差异，同理也可以看出个人平均住房面积也存在显著性差异。

① 李伟东. 消费、娱乐和社会参与——从日常行为看农民工与城市社会的关系［J］. 城市问题，2006（08）.

表 3－7　　消费水平和居住环境分异水平

	样本量	最小值	最大值	均值	变异系数
消费水平	1314	30	13000	7.41E＋02	0.864001
文化娱乐消费	1312	0	3000	96.9215	1.961459
个人平均居住面积	1279	0.89	100	11.2096	0.916117

从图 3－3 可以看出，农民工消费水平主要集中在每月 200～1000 元，跨度区间较大，其中每月消费 400～500 元最多，其次是 500～600 元水平，200 元以下消费水平较少，仅占 6.6%，月消费在 1000 元以上的占 16.4%。总的来看，消费水平分布差异明显，说明农民工内部之间存在消费水平的显著差异。

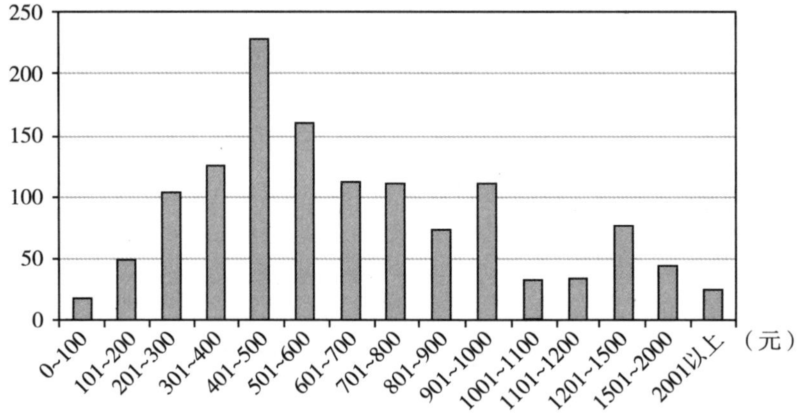

图 3－3　月消费水平频数

以消费水平的高低来说明农民工群体内部产生差异并不全面，从文化娱乐消费水平看，农民工群体差异能说明农民工群体的消费倾向和差异化，劳动是紧张的生活，娱乐是生活的调味品，因此，文化娱乐消费是比较特殊的，娱乐花费越高说明农民工娱乐生活参与性就越高。从图 3－4 可以看出，有 50.99% 的农民工是没有娱乐花费支出的，但是也有 11.78% 的农民工每月娱乐花费在 50 元以下，有 24.4% 的农民工每月娱乐花费在 100～200 元，有 9.8% 的农民工月娱乐花费在 200～500 元，仅有 3.1% 农民工花费在 500 元以上。

从图 3－5 可以看出，从个人居住面积的分布频率容易发现，农民工居住面积大小呈现双峰特性，个人居住面积从 0～5 平方米呈现上升趋势，从 4～7 平方米呈现下降趋势，从 7～10 平方米呈现下上升趋势，然后从 10 平方米开始呈现下降趋势。

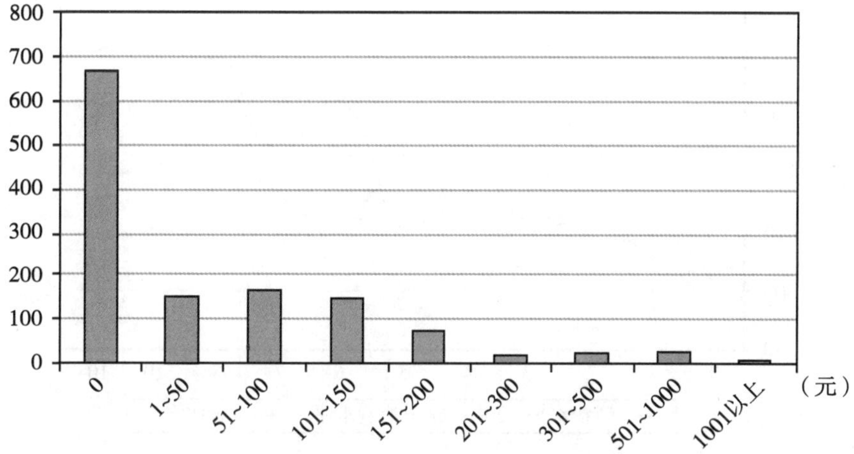

图 3－4　文化娱乐消费

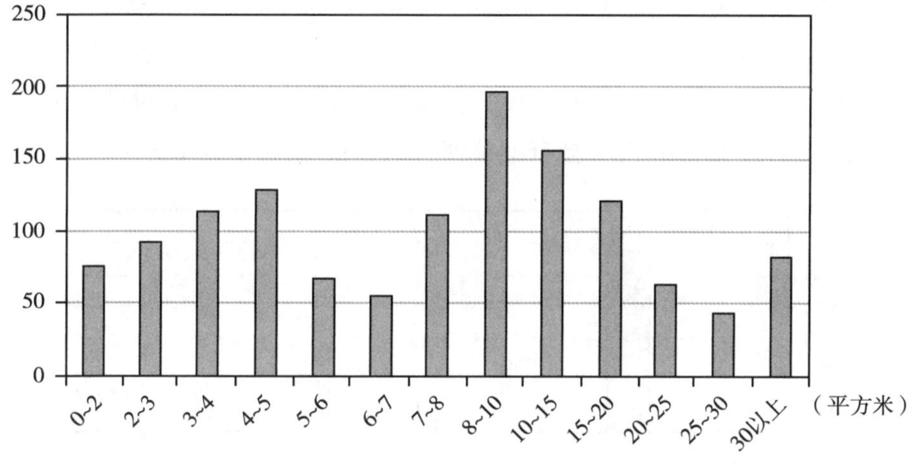

图 3－5　个人平均住房面积

从图 3－6 样本趋势图可以看出，农民工的消费水平随着职业流动次数明显有上升趋势，且 KW 秩和检验结果是显著的，也就是说，消费水平和流动次数之间存在显著影响关系。娱乐消费水平也随着职业流动次数的增加呈现波浪式上升趋势，但 KW 秩和检验不显著。居住水平随着职业流动次数也呈现上升趋势，但职业流动 8 次以后的居住水平是明显的下降趋势。

从图 3－6 呈现的趋势分析来看，农民工消费水平是存在显著差异的，而且农民工的不同流动次数上消费水平明显不同，文化娱乐消费也是显著提高的。居住水平也是在不断变化的，但较高次数职业流动呈现下降趋势。

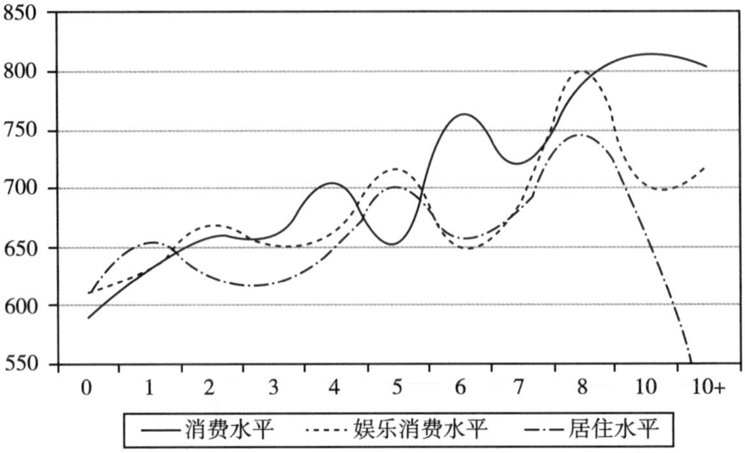

图3－6　总消费、娱乐消费和居住环境趋势变化

关于农民工未来打算，主要以继续从事这份工作为主，占44.9%，打算在同一个城市换一份工作的占12.7%，换一个城市的占4.3%，选择回家乡的占21.6%。对未来比较迷茫的占10.8%。由此可以看出，农民工对城市的适应能力并不强，其中有42%的人不会有继续留在城市的打算（见图3－7）。

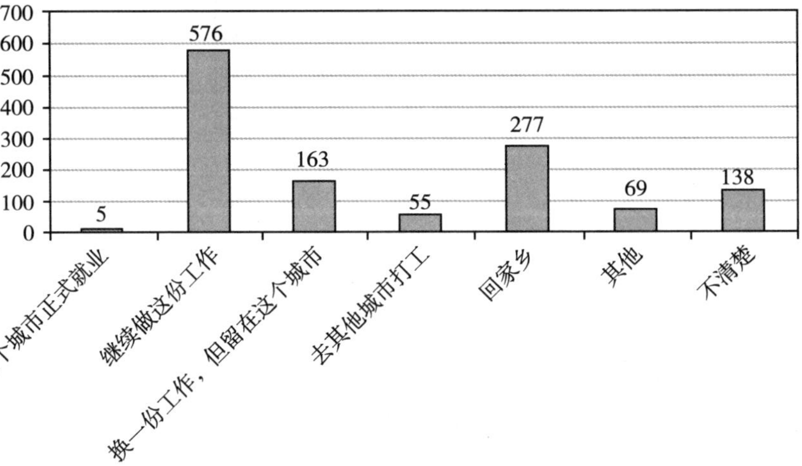

图3－7　农民工未来打算

从职业流动与农民工未来打算可以看出，较低职业流动2次及以下偏向于留在工作城市，职业流动次数在3次与6次之间以及职业流动在10次及以上者偏向于选择换一个城市工作或者回家乡，而职业流动7次以上偏向于对未来打算比较迷茫和不清楚。

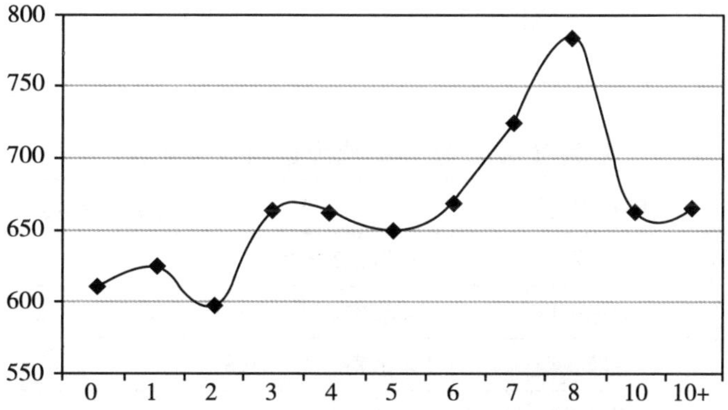

图 3－8　农民工未来打算和职业流动次数

第三节　农民工收入分层影响因素代际差异

根据前述数据，我们按照月收入对农民工的收入进行分层：把月收入 1200 元以下的农民工归为低水平收入者；把月收入 1200～2000 元的农民工归为中水平收入者；月收入高于 2000 元的农民工归为高水平收入者。

从图 3－9 可以看出，老一代农民工月平均收入水平为 2064.02 元，大于新生代农民工月平均收入 1928.43 元。然而，老一代农民工群体内部收入差异大于新生代农民工的内部收入差异。虽然老一代与新生代农民工收入分层分布大体呈现出一致性，但是老一代农民工的高收入群体比例大于新生代，新生代农民工群体收入分布在中收入水平上的比例高出老一代将近五个百分点。

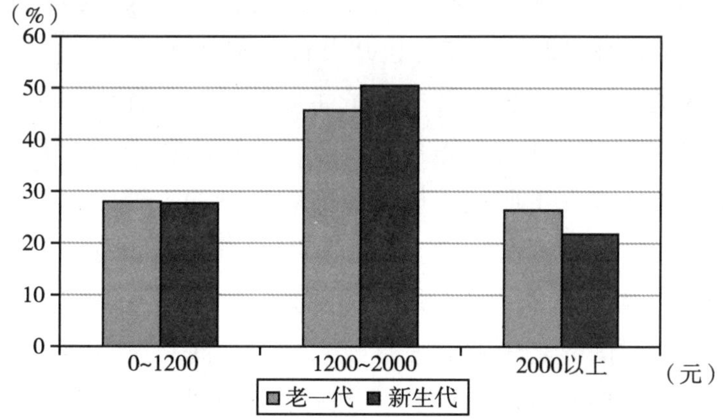

图 3－9　老一代与新生代农民工的收入分层

各个自变量的具体定义如表3－8所示，分别从个体、家庭、职业三个角度选取指标。

表3－8　　农民工收入分层影响因素自变量界定

影响因素	自变量名称	变量定义
个体因素	性别	1＝男；2＝女
	文化程度	1＝高中以上；2＝初中以下
	婚姻状况	1＝已婚；2＝未婚
	是否接受培训	1＝是；2＝否
	流动类型	1＝跨省流动；2＝跨市流动；3＝市内跨县
家庭因素	家庭支出	"1"＝0～1050；"2"＝1051～1800；"3"＝大于1800；
职业因素	初次职业类型	1＝经商、文职；2＝服务业；3＝工人
	现职业类型	1＝经商、文职；2＝服务业；3＝工人
	职业搜寻天数	1＝0～7天；2＝7天以上
	从事现职业时间	"1"＝1～6月；"2"＝7～24月；"3"＝25月以上
	每周工作天数	1＝小于等于5天；2＝5天以上

针对老一代农民工和新生代农民工分别构建模型，以比较相关因素对农民工收入分层影响在两代之间的差异。从回归结果来看，对两代农民工收入分层影响不显著的是初次职业类型和工作强度。对两代农民工而言，初次职业类型并未影响其收入水平，表明他们在数次的职业流动之后，现职业与初次职业并没有多大关系。工作强度也并未影响其收入水平，两代农民工中大约90%的人一周工作天数都超过了5天，农民工的工作强度普遍较大，影响了对每一个个体的收入，但是对群体之间收入差异也并没有太大影响。

对老一代农民工收入产生显著影响的主要因素有：性别、文化程度、是否跨省流动等个人因素、家庭支出等家庭因素以及现职业类型、职业搜寻天数等职业因素。对新生代农民工职业选择产生显著影响的主要因素有：性别、文化程度、跨省流动等个体因素、家庭支出等家庭因素、现职业类型、从事现职业时间等职业因素。对两代农民工收入分层的影响因素存在一定的差异性。具体而言，职业搜寻的时间显著影响老一代收入分层，而并没有显著影响新生代农民工的收入分层。一般来说，对于老一代来说，选择工作更加谨慎。在老一代中收入群体中，职业搜寻天数7天以下对于收入分层的影响是7天以上的1.378

倍，而老一代高收入群体是1.631倍。从事现职业时间显著影响新生代农民工群体的收入分层。例如，对于新生代中收入群体，从业时间1年以上的影响是6个月以内的0.406倍，是从事现职业时间在6个月以上1年以内的0.642倍（见表3－9）。

表3－9　　两代农民工收入分层影响因素的多项Logistic回归分析结果：Exp（B）

影响因素	自变量	老一代		新生代	
		中收入	高收入	中收入	高收入
个人因素	性别（女）	2.814***	8.120***	1.898***	6.012***
	文化程度（初中以下）	1.446***	1.914***	1.4448***	1.943***
	婚姻状况（未婚）	0.884	0.783	0.972	1.299***
	是否接受培训（否）	1.178	1.370***	1.019	1.301
	流动类型（市内跨县）				
	跨省流动	1.847***	2.250***	1.926***	2.442***
	省内跨市	1.181	1.260	1.247	1.412**
家庭因素	家庭支出（1800以上）				
	0～1050	0.484***	0.218***	0.605***	0.187***
	1050～1800	0.704	0.388***	1.134	0.694***
职业因素	初次职业类型（工人）				
	经商文职	0.967	0.876	1.263	1.295
	服务业	0.947	0.821	1.087	1.133
	现职业类型（工人）				
	经商文职	0.343***	0.674***	0.388***	0.719***
	服务业	0.291***	0.347***	0.279***	0.296***
	职业搜寻天数（7天以上）	1.378***	1.631***	1.047	1.206
	从事现职业时间（1年以上）				
	6个月以内	0.936	0.936	0.460***	0.306***
	6个月以上1年以内	0.939	0.865	0.642***	0.481***
	每周工作天数（5天以上）	0.831	0.883	1.117	1.304

注：自变量括号中为参照类，因变量的参照类为低收入。*** Sig. ≤0.01，** Sig. ≤0.05，** Sig. ≤0.1。

性别、文化程度、是否跨省流动、家庭支出都具有一定的影响，不过有些因素对不同代际农民工收入分层存在差异：例如，从发生比及回归系数显著性水平来看，性别对老一代农民工高收入群体影响较大，男性对于老一代中收入群体的影响是女性影响的 2.814 倍，但是男性对于老一代高收入群体的影响是女性影响的 8.120 倍。同时我们也能看出，男性在两代高收入群体的影响都高于在中收入层次的影响。在家庭因素中，家庭支出在 1050 元以下的显著影响两代农民工的收入分层。但是 1050 元以上 1800 元以下，只对两代农民工中高收入群体有影响，支出的增多也影响了高收入群体的差异性。

第四章　农民工城市融入及其影响因素的代际差异

农民工的城市融入一般是指农民工在生产方式、生活方式、社会心理与价值观念上整体融入城市社会并认同自身新的社会身份的过程与状态（杨瑾，2008；吕柯，2004）。农民工个人经济来源、生活环境和方式、心理等不同，其城市融入程度存在差异。龚文海（2012）系统梳理了国内有关农民工群体异质性问题的研究文献，重点回顾和考察农民工群体异质性，从性别差异、代际差异、职业分化、收入差异、城市融入及适应程度、文化生活差异性、农民工社会保障制度构建等7个研究视角及其具体的异质性表现。针对代际差异视角，他认为对于在改革中诞生出来的农民工群体最初开始流动时，其学历、流动区域、流动动机等都具有较高的同质性，但随着改革进程和城市化的深入发展，新生代农民工已经出现，且与前一代农民工有显著差异。王东等（2002）通过研究表明，自20世纪90年代后期以来，中国农民工群体不再是一个高度同质的群体，已开始分化为两代不同的群体——第一代农民工和新生代农民工。田艳平（2013）通过研究发现，目前在外务工的农民工中，新生代农民工（以1980年前后出生为界）的比重逐渐增大，且由于第一代和新生代农民工出生和成长的时代背景不同，文化、观念以及行为都存在着差别，他们在选择从事职业的倾向性、对未来工作的预期以及职业调整等方面也出现了差异。第一代农民工和新生代在个人特征以及工作特征上有着明显差异，而这些差异又直接或间接地影响其城市融入程度。因此，从代际差异角度分析我国农民工城市融入问题，不仅有助于我们了解当前农民工融入状况，而且有助于我们把握农民工城市融入变化的趋势，具有很重要的现实意义和理论意义。

农民工的城市融入涵盖多个维度，其中主要包括经济、社会、心理以及身份四个层面的融入。此外，农民的城市融入在经济、社会、心理以及身份四个层次不存在递进关系，经济层次的融入并不必然带来其他层次的融入（李培林等，2011）。

农民工的城市融入大致经历三个阶段：第一阶段是适应阶段，即农民工逐步放弃原有的农村特性，接受城市生活的现代性。此阶段，由于生活环境、受教育方式、价值观念的不同，农民工对于城市生活有强烈的陌生感，与外界交往较少，关系网络简单，生活圈子较小。第二阶段是区隔融入。随着对城市的进一步了解，农民工逐渐改变原有的特征，将城市居民看作一个参照体，通过不断的努力，最后实现真正的融入（周皓，2012）。第三阶段，农民工的身份地位已经完全发生改变，由农村居民变为城市居民，获得市民身份（王佃利等，2011）。这三个阶段是相互衔接，过程漫长而持久。

众多人口学和社会学的相关学者对农民工的融入状况做了深入细致的研究，研究结果均表明，目前，我国农民工还未真正融入城市生活，即城市融入度较低。大多数的农民工仅仅在经济上不断与城市发生联系，为城市建设贡献自己的力量，并获得一定的劳务报酬，但是对于城市生活其他方面的参与程度并不高。此外，城市仅仅在享受农民工为其带来的方便生活，并未将他们纳入城市体系。徐志旻（2004）对农民工城市融入持乐观态度，认为虽然农民工的职业地位和收入水平还明显偏低，但是他们传统的生活方式和思想观念正在改变，已经接近城市的体系。此外还有一些学者从代际差异角度分析了农民工的城市融入程度，得到许多不同的结论。王春光（2001）认为新生代农民工由于受教育程度较高，与外界的交往更频繁，对城市生活有着比老一代农民工更强烈的认同感，因此更加容易融入城市。而魏万青（2012）从机会结构的角度考察了新生代农民工的城市融入，认为由于城市的快速发展，新生代农民工融入城市的难度不断增大，融入城市的机会更少。

随着社会发展，第一代农民工和新生代农民工从个人特征、家庭特征等均具有明显差异，这些差异直接或间接地影响其城市融入。本章参照前期相关研究成果，通过因子分析法从不同维度对第一代和新生代农民工的城市融入进行分析，并且计算其因子得分衡量其融入程度，在此基础上，采用 OLS 回归方法得到各因素对农民工城市融入程度的影响。

第一节　两代农民工的城市融入状况

为探讨农民工城市融入的不同维度，本项研究采用主成分分析法对调查问卷中14个涉及农民工城市融入的问题进行探索性因子分析。这14个问题分别是：受访者上个月（或上次就业）平均每周工作天数、上个月（或上次就业）平均每天工作小时数、是否参加过社区文体活动、是否参加过计划生育协会活动、是否参加过社区卫生健康教育活动、是否喜欢现在居住城市、是否关注现在居住城市的变化、是否愿意融入本地成为其中一员、是否觉得本地人愿意接受成为其中一员、是否愿意转为本地户口、是否打算在本地长期居住（5年以上）、家庭在本地每月食品支出、家庭在本地每月总支出、家庭在本地每月总收入。首先进行因子分析，采用主成分法不作旋转，系统自动提取5个因子。对因子分析的适应性进行检验，发现每个变量被提取的信息都在50%以上，且5个因子的累积方差贡献率为66.637%，KMO达到0.718，Bartlett球形度检验的相伴概率达到了显著水平（sig = 0.000），我们认为适合进行因子分析。为了便于与新生代农民工进行比较，我们采用同样的14个问题对新生代农民工的城市融入维度进行因子分析，系统也自动提取了5个因子，每个变量被提取的信息都在50%以上，累积方差贡献率达64.669%，KMO达0.719，Bartlett球形度检验的相伴概率也达到了显著水平，进行Varimax旋转后各主因子载荷见表4－1。可以看出两代农民工城市融入的因子结构相同，也比较清晰，效果较好。

表4－1　　　两代农民工城市融入主因子载荷矩阵

变量	Varimax旋转后主因子载荷									
	F1 身份认同		F2 经济整合		F3 社会参与		F4 心理融入		F5 工作强度	
	老一代	新生代	老一代	新生代	老一代	新生代	老一代	新生代	老一代	新生代
上月每周工作几天	0.034	0.001	-0.039	-0.058	0.006	-0.021	-0.041	-0.050	*0.813*	*0.769*
上月每天工作几小时	-0.045	-0.040	0.036	0.001	-0.038	-0.048	0.002	-0.002	*0.812*	*0.780*
是否参加社区文体活动	0.035	0.057	-0.002	-0.010	*0.774*	*0.772*	0.025	0.061	-0.050	-0.078
是否参加计划生育协会活动	0.055	0.047	0.011	0.009	*0.802*	*0.756*	0.013	-0.044	0.023	0.023
是否参加社区卫生健康活动	0.075	0.090	0.007	-0.010	*0.812*	*0.809*	0.037	0.052	-0.009	-0.030
是否喜欢现在居住的城市	*0.815*	*0.780*	0.012	-0.004	0.028	0.046	0.075	0.104	-0.002	0.005
是否关注现居住城市的变化	*0.817*	*0.797*	0.038	0.062	0.034	0.055	0.049	0.055	-0.020	-0.019
是否愿意融入本地人中	*0.802*	*0.786*	0.010	0.011	0.061	0.061	0.190	0.176	-0.013	-0.032

续表

变量	Varimax 旋转后主因子载荷									
	F1 身份认同		F2 经济整合		F3 社会参与		F4 心理融入		F5 工作强度	
	老一代	新生代	老一代	新生代	老一代	新生代	老一代	新生代	老一代	新生代
感觉本地人是否愿意接受	*0.774*	*0.769*	-0.010	-0.006	0.075	0.067	0.086	0.052	0.019	-0.011
是否愿意迁入户口	0.135	0.159	0.040	0.033	0.040	0.034	*0.857*	*0.858*	-0.057	-0.049
是否打算长期居住	0.186	0.158	0.111	0.091	0.032	0.028	*0.825*	*0.851*	0.014	-0.011
在本地的每月食品支出	0.026	-0.009	*0.793*	*0.795*	0.017	0.006	0.034	-0.004	-0.020	-0.066
在本地的每月总支出	0.039	0.030	*0.883*	*0.873*	0.017	-0.003	0.077	0.062	0.055	-0.057
在本地的每月总收入	-0.019	0.031	*0.729*	*0.731*	-0.015	-0.012	0.044	0.068	-0.029	0.046
特征值	2.641	2.521	1.958	1.946	1.918	1.840	1.480	1.527	1.332	1.221
方差贡献率	18.863	18.004	13.988	13.898	13.698	13.142	10.574	10.906	9.514	8.719
累积方差贡献率	18.863	18.004	32.851	31.902	46.549	45.044	57.123	55.951	66.637	64.669

从表 4-1 的结果来看，是否喜欢现在居住城市、是否关注现在居住城市的变化、是否愿意融入本地中成为一员、感觉本地人是否愿意接受成为其中一员四项指标对 F1 的载荷值最高。这四个指标反映的主要是农民工的自我身份认同，因此我们将 F1 命名为身份认同因子。F2 主要由家庭在本地每月食品支出、家庭在本地每月总支出、家庭在本地每月总收入三项指标代表，我们将其命名为经济整合因子。F3 主要由是否参加过社区文体活动、是否参加过计划生育协会活动及是否参加过社区卫生健康教育活动三项指标代表，故可将其命名为社会参与因子。是否愿意转为本地户口及是否打算在本地长期居住较好地代表了 F4，我们将其命名为心理融入因子。F5 主要由受访者上个月（或上次就业）平均每周工作天数及上个月（或上次就业）平均每天工作小时数两项指标构成，可将其命名为工作强度因子。

为量化分析和比较两代农民工不同维度的城市融入度，我们参照张文宏等（2008）的研究，将 5 个因子得分的标准分按照 1～100 之间的数值进行转化，然后计算其平均分。另外，为了衡量两代农民工的城市总体融入度，我们以各因子的方差贡献率为权重，将 5 个因子的因子得分加权求和后计算综合得分，对综合得分同样按照 1～100 之间的数值进行转化，并计算其平均分，最后结果如表 4-2 所示。

表 4－2　　两代农民工的城市融入状况

		身份认同	经济整合	社会参与	心理融入	工作强度	总融入度
老一代	均值	63.515	41.824	34.044	51.677	67.721	49.963
	标准差	20.451	14.458	30.457	25.218	11.898	13.456
新生代	均值	66.904	31.236	32.630	42.218	56.842	47.237
	标准差	17.374	11.353	27.928	24.968	11.492	11.822

可以看出，两代农民工的城市总体融入度都不高（低于平均分 50），且离散性较小，总体上反映了两代农民工城市融入度较低的现实状况。除了在身份认同维度老一代农民工的融入程度低于新生代农民工外，在其他所有维度老一代农民工的融入程度均高于新生代农民工。因此，相对而言老一代农民工的城市总体融入度略高于新生代农民工。两代农民工不同维度的城市融入状况也存在一定差异：老一代农民工在工作强度维度的融入程度最高，其次是身份认同和心理融入维度，在经济整合和社会参与维度的融入程度较低；新生代农民工在身份认同维度的融入程度最高，其次是工作强度维度，而在心理融入、社会参入和经济整合维度的融入状况均较差。

具体而言，在工作强度维度，老一代农民工的工作强度略高于新生代农民工，但其在工作强度维度融入程度却要高于新生代农民工，反映了老一代农民工为了家人的生活更能忍受较高强度的工作。在身份认同维度，新生代农民工的融入程度高于老一代农民工，反映新生代农民工更喜欢现代城市生活，更关注所在城市的变化，并且更愿意融入其中成为一员。在心理融入维度，老一代农民工一般由于有了家庭成员陪伴，具有一定的归属感，心理上更适应城市生活，因此融入度较高。此外，老一代农民工月均收入高于新生代农民工的月均收入，其在经济整合维度的融入度高于新生代农民工。最后，在社会参与维度，老一代农民工可能会更多地参与社区文艺活动、卫生健康活动等，也使其融入程度高于新生代农民工。

第二节　影响两代农民工城市融入的因素比较

为了进一步比较影响两代农民工城市融入现状的不同因素，我们建立多元线性回归模型来进行分析。引入模型：$Y_i=\beta_0+\beta_k X_{ki}+\mu_i$，其中$Y_i$为不同维度的城市融入度，$X_{ki}$为一系列影响因素。本章将农民工城市融入的影响因素归纳为个体人力资本及家庭因素和迁入后因素。个体人力资本及家庭因素包括受访者年龄、性别、文化程度、外出务工年限、流出地、生育小孩数量等；迁入后因素包括到本地务工年限、所从事职业、雇主或雇员、住房状况及本地的社会交往网络。农民工的移民倾向随着年龄的增长而减弱（和丕禅、郭金丰，2004），因此我们引入年龄变量，分析年龄对老一代与新生代农民工城市融入的影响；关于农民工永久性迁移意愿的研究表明，相比男性而言，女性具有更强的留城意愿（李强，2003；熊彩云，2007），因此我们以男性为参照来检验性别对城市融入的影响；而受教育程度与流动人口迁移意愿的相关研究，得出的结论差别较大（姚婷、朱浩、张日新，2013），我们以小学及以下文化程度为参照类，进一步分析文化程度对老一代与新生代农民工城市融入的影响；金崇芳（2011）的研究表明，工作年限对农民工的社会融入有显著的积极影响，故我们将受访者外出务工年限及来本地务工年限纳入模型；黄晓燕（2010）指出，如果农民工某些服务如住房、医疗、教育等得不到满足，其潜在的融入过程就会遭受挫折，我们以在就业场所居住及无固定住所者为参照，研究住房状况对其城市融入的影响；Celia（2004）指出，社会关系缺失和社会网络缺乏限制了女性移民与当地社会的融入；李强（1995）认为，农民工如果与本地人交往而受到歧视会影响其城市融入，因此有必要分析农民工与不同类型人群交往对其城市融入的影响。此外，综合其他相关研究成果，我们还考虑了农民工生育子女数、所从事职业、流出来源地等对其城市融入的影响。μ_i为扰动项，β_0为常数项，β_k为待估参数。回归结果见表4－3。

表4－3　　两代农民工城市融入的多因素回归结果

（标准化回归系数）

	F1 身份认同		F2 经济整合		F3 社会参与		F4 心理融入		F5 工作强度		总融入度	
	老一代	新生代	老一代	新生代	老一代	新生代	老一代	新生代	老一代	新生代	老一代	新生代
年龄	0.032[c]	0.040[c]	－0.087[c]	－0.127[c]	0.026[c]	0.001	0.002	－0.043[c]	－0.024[c]	－0.026[a]	－0.015[c]	－0.061[c]
女性（男性）	0.006	－0.031[b]	0.042[c]	－0.103[c]	0.048[c]	0.062[c]	－0.007	－0.004	－0.002	0.005	0.042[c]	－0.042[c]
流出地（西部）												
东部	－0.011[a]	－0.023[a]	0.064[c]	0.036[c]	0.024[c]	－0.066[c]	0.077[c]	0.037[c]	0.002	－0.011	0.061[c]	－0.015

续表

	F1 身份认同		F2 经济整合		F3 社会参与		F4 心理融入		F5 工作强度		总融入度	
	老一代	新生代	老一代	新生代	老一代	新生代	老一代	新生代	老一代	新生代	老一代	新生代
中部	-0.057[c]	-0.076[c]	0.021[c]	-0.021[a]	-0.004	-0.026[a]	0.027[c]	0.023[a]	0.015[c]	0.030[b]	-0.013[c]	-0.050[c]
来本地年限	0.027[c]	0.004	0.023[c]	0.058[c]	-0.020[c]	0.025[a]	0.130[c]	0.167[c]	-0.009[a]	-0.012	0.060[c]	0.097[c]
外出务工年限	0.029[c]	0.041[c]	0.124[c]	0.072[c]	-0.021[c]	-0.048[c]	0.040[c]	0.043[c]	0.025[c]	0.026[a]	0.086[c]	0.061[c]
共生几个孩子	-0.015[c]	-0.018	0.064[c]	0.025[b]	-0.008[a]	-0.002	0.000	-0.003	0.036[c]	0.037[c]	0.028[c]	0.011
教育程度（小学及以下）												
初中	0.007	0.013	0.024[c]	0.070[c]	0.070[c]	0.030[a]	0.021[c]	-0.013	-0.020[c]	-0.054[c]	0.048[c]	0.035[b]
高中及中专	0.016[c]	0.040[b]	0.100[c]	0.143[c]	0.094[c]	0.042[b]	0.046[c]	-0.003	-0.079[c]	-0.104[c]	0.089[c]	0.081[c]
大专及以上	0.009[a]	0.040[c]	0.177[c]	0.181[c]	0.045[c]	0.075[c]	0.060[c]	-0.001	-0.138[c]	-0.152[c]	0.084[c]	0.100[c]
职业（无固定职业及其他）												
管理技术人员	0.010	0.018	0.118[c]	0.067[c]	0.005	0.019	0.041[c]	0.003	0.031[c]	0.066[c]	0.086[c]	0.072[c]
商业服务人员	0.025[a]	0.029	0.135[c]	-0.005	0.051[c]	0.078[b]	0.080[c]	0.035	0.225[c]	0.219[c]	0.197[c]	0.125[c]
产业工人	-0.024[a]	-0.060[a]	0.125[c]	0.088[b]	0.001	0.040	0.017	-0.035	0.146[c]	0.188[c]	0.094[c]	0.068[a]
雇主（雇员）	0.037[c]	0.029[b]	0.062[c]	0.140[c]	0.002	0.033[b]	-0.017[c]	0.020	0.327[c]	0.197[c]	0.148[c]	0.166[c]
社会网络（很少与人交往）												
与同乡交往	0.021[c]	-0.008	0.014[a]	0.036[a]	0.115[c]	0.100[c]	0.025[c]	-0.045[b]	-0.087[c]	-0.069[c]	0.052[c]	0.020
与本地人交往	0.126[c]	0.091[c]	-0.042[c]	0.021	0.132[c]	0.118[c]	0.023[c]	-0.019	-0.069[c]	-0.076[c]	0.104[c]	0.086[c]
与外地人交往	-0.023[c]	-0.019	0.025[c]	0.023	0.052[c]	0.029[a]	0.019[c]	0.007	-0.055[c]	-0.048[c]	0.010[a]	0.000
住房状况（就业场所及无固定住所）												
租住单位房	-0.028[c]	-0.037[a]	-0.064[c]	-0.035[a]	0.020[c]	0.010	-0.035[c]	-0.004	-0.035[c]	0.022	-0.060[c]	-0.030[a]
租住私房	-0.037[c]	-0.017	-0.068[c]	0.112[c]	0.035[c]	0.014	-0.026[c]	0.002	-0.089[c]	-0.028	-0.075[c]	0.044[a]

续表

	F1 身份认同		F2 经济整合		F3 社会参与		F4 心理融入		F5 工作强度		总融入度	
	老一代	新生代	老一代	新生代	老一代	新生代	老一代	新生代	老一代	新生代	老一代	新生代
单位免费房	-0.026[c]	-0.026	-0.130[c]	-0.101[c]	0.024[c]	0.067[c]	-0.051[c]	-0.038[a]	-0.029[c]	-0.009	-0.091[c]	-0.052[b]
自购自建房	0.062[c]	0.052[c]	0.043[c]	0.078[c]	0.055[c]	0.032[b]	0.066[c]	0.032[b]	-0.120[c]	-0.024[a]	0.068[c]	0.087[c]
R^2	0.048	0.048	0.106	0.158	0.025	0.031	0.059	0.054	0.213	0.089	0.141	0.123
调整后 R^2	0.047	0.046	0.105	0.157	0.024	0.029	0.059	0.052	0.212	0.087	0.140	0.121
Sig.	0.000	0.000	0.000	0.000	0.000	0.000	0.000	0.000	0.000	0.000	0.000	0.000

注：a、b、c 分别表示在 0.05、0.01、0.001 水平上显著。括号中为参照类。

从表 4－3 可以看出，年龄对两代农民工的身份认同、经济整合、工作强度维度以及城市总体融入度的影响都比较显著，但对不同维度的影响效果不同。年龄对两代农民工身份认同维度的融入具有积极影响，而对经济整合、工作强度维度及总体融入度具有消极影响，年龄越大身份认同度越高，经济整合度越低，工作强度融入度越低，总体融入度也越低。年龄对两代农民工社会参与和心理融入维度的影响也并不相同：其对老一代农民工社会参与维度的融入具有积极影响，而对新生代农民工社会参与维度融入影响不显著；对新生代农民工心理融入维度具有消极影响，而对老一代农民工心理融入维度的影响不显著。

性别对两代农民工经济整合、社会参与维度以及城市总体融入度的影响都比较显著，影响效果存在差异。与男性相比，女性农民工的社会参与度高于男性。女性老一代农民工的经济整合度及总体融入度高，女性新生代农民工的经济整合度及总体融入度低；女性老一代农民工身份认同度与男性没有差异，而女性新生代农民工的城市身份认同度低于男性。在心理融入和工作强度维度，男女并没有显著差异。

流出来源地对两代农民工的城市融入也具有一定的影响：与西部地区相比，东部地区流出的老一代和新生代农民工的身份认同度较低，经济整合度较高，心理融入度较高，工作强度维度的融入与西部地区没有明显差异；东部地区流出的老一代农民工社会参与度、总体融入度较高，而新生代农民工社会参与度较低，总体融入度与西部地区没有明显差异。中部地区流出的老一代和新生代农民工的身份认同度、总体融入度低于西部地区，而心理融入度和工作强度融入度高于西部地区；中部地区流出的老一代农民工的经济整合度高于西部地区，社会参与度与西部地区没有明显差异，而新生代农民工的经济整合度低于西部地区，社会参与度也低于西部地区。反映了流出地现有经济社会发展水平对农民工的城市融入具有一定的影响。

来本地务工年限对两代农民工经济整合、社会参与、心理融入维度和城市总体融入的影响显著。老一代农民工来本地务工时间越长，其社会参与度越低，而新生代农民工来本地务工时间越长，社会参与度越高。无论是老一代还是新生代农民工，来本地务工时间越长，其经济整合度、心理融入度及总体融入度越高。来本地务工年限越长，老一代农民工的身份认同度越高，但工作强度融入度越低。本地务工年限对新生代农民工身份认同、工作强度维度的城市融入影响不明显。

外出务工年限的影响比较一致：外出务工年限越长，老一代及新生代农民工身份认同度、经济整合度、心理融入度、工作强度融入度和城市总体融入度也越高；但外出务工年限越长，老一代及新生代农民工的社会参与度却越低。

生育孩子数量对两代农民工的经济整合、工作强度维度的融入都具有正面影响，但对其心理融入维度的影响不显著；生育孩子数量对老一代流动人口的身份认同度、社会参与度具有负面影响，而对新生代农民工身份认同度、社会参与度的影响不显著。总体上看，生育孩子数量对老一代农民工的城市总体融入具有积极影响，而对新生代农民工城市总体融入的影响不显著。

从受教育程度看，初中及以上文化程度两代农民工的经济整合度、社会参与度及总体融入度都要高于小学及以下文化程度的农民工，但工作强度维度的融入要低于小学及以下文化程度的农民工。此外，高中及以上文化程度老一代和新生代农民工的身份认同度高于小学及以下文化程度的农民工，但初中文化程度老一代和新生代农民工的身份认同度与小学及以下文化程度的农民工没有明显差异。最后，初中及以上文化程度老一代农民工的心理融入度要高于小学及以下文化程度的老一代农民工，但新生代农民工的心理融入度与小学及以下文化程度的新生代农民工没有明显差异。

从职业来看，与无固定工作及其他职业者相比，从事管理技术、商业服务业工作及产业工人的老一代与新生代农民工工作强度融入和总体融入度较高，反映了固定的工作、稳定的职业对城市融入的重要性。但职业对其他维度城市融入的影响存在较大差异：就从事管理技术工作的农民工而言，老一代与新生代农民工的经济整合度高于无固定工作及其他职业者，且老一代农民工心理融入度高于无固定工作及其他职业者，但从事管理技术工作对其他维度城市融入的影响并不显著；就从事商业服务业工作的农民工而言，老一代与新生代农民工的社会参与度高于无固定工作及其他职业者，且老一代农民工身份认同、经济整合、心理融入维度的融入高于无固定工作及其他职业者，但新生代农民工这些维度的融入与无固定工作及其他职业者没有明显差异；就产业工人而言，老一代与新生代农民工的经济整合度高于无固定工作及其他职业者，身份认同度却低于无固定工作及其他职业者，但在社会参与、心理融入维度与无固定工作及其他职业者没有明显差异。从雇主或雇员角度看，雇主类老一代及新生代农民工的身份认同度、经济整合度、工作强度及总体融入度都明显高于雇员类农民工，但雇主类老一代农民工的心理融入度低于雇员类老一代农民工，而作为雇主类新生代农民工的心理融入度与雇员类新生代农民工没有明显差异，表明作为雇主的老一代农民工承受着较大的心理压力。此外，雇主类新生代农民工社会参与度高于雇员类新生代农民工，而雇主类老一代农民工社会参与度与雇员类老一代农民工没有明显差异。

老一代与新生代农民工的社会网络对其城市融入具有一定的影响。与同乡交往有利于老一代与新生代农民工经济整合、社会参与维度的融入，但不利于其工作强度维度的融入。与同乡交往对老一代农民工身份认同、心理融入及总体融入有显著的积极影响，对新生代农民工心理融入有显著的消极影响，而对新生代农民工身份认同及总体融入影响并不显著。与本地人交往有利于老一代与新生代农民工身份认同、社会参与维度及城市总体融入，但不利于其工作强度维度的融入。与本地人交往对老一代农民工心理融入具有积极影响，对其经济整合维度的融入具有消极影响，而对新生代农民工的经济整合、心理融入的影响不显著。与其他外地人交往有利于老一代与新生代农民工社会参与维度的融入，但不利于其工作强度维度的融入。与其他外地人交往对老一代农民工经济整合、心理融入维度及总体融入具有积极影响，对其身份认同维度的融入具有消极影响，而对新生代农民工的身份认同、经济整合、心理融入维度及总体融入的影响不显著。

与居住在就业场所及无固定住所者相比，租住单位房对老一代与新生代农民工身份认同、经济整合维度及总体融入都具有负面影响，对老一代农民工的心理融入、工作强度维度的融入也具有负面影响，但对老一代农民工社会参与维度的融入具有一定的积极影响，对新生代农民工社会参与、心理融入、工作强度维度融入的影响不明显。租住私房除对老一代农民工社会参与维度的融入具有一定的正面影响外，对其身份认同、经济整合、心理融入、工作强度维度及城市总体融入都具有负面效应。对新生代农民工而言，租住私房对其经济整合维度及城市总体融入具有一定积极影响，对其他维度的城市融入影响不显著。居住单位免费房对老一代与新生代农民工经济整合、心理融入维度及总体融入具有显著的负面效应，对其社会参与维度的融入具有积极影响；居住单位免费房对老一代农民工身份认同、工作强度维度的融入具有负面影响，对新生代农民工身份认同、工作强度维度的融入影响不显著。最后，自购自建住房除了对老一代与新生代农民工工作强度维度融入具有负面影响外，对其他维度及城市总体融入都具有积极影响，可见，有自己稳定的住所对农民工城市融入具有非常重要的意义。

农民工由农村迁移到城市不仅代表人口简单的空间流动，而在于与城市生活多方面的融入，包括通过形成一种全新的生活方式、心理观念、价值取向来改变自身的身份特征，同时被自己认同也能够被城市人所接纳。在这个过程中，首先发生改变的就是农民工职业的变化。因为，从农村进入城市，传统的农业生产技术被抛弃，农民工与城市发生的最直接的关系就是找到一份工作获得生存最基本的保障，因而，职业机会的获得是农民工进入城市、获得社会地位提升进而融入城市的第一步，也是最重要的一步。

第五章　农民工职业流动对城市融入影响的代际差异

农民工要实现城市融入，关键就是要摆脱黏附在其身上边缘化的社会地位。根据社会分层理论，个人的这种社会地位包含许多层面，既有地理空间因素，也有在此基础上建立起来的更深层次的结构因素。农民工从农村流入城市，最终的目的并不是实现物理空间的转换，而是要获得身份的改变，其中最重要的是要改变其职业身份和户籍身份。而职业身份的转变与户籍身份的转变之间存在着一定的联系。从现代社会分层体系视角来看，一个人的社会地位往往是由他所从事的职业决定的。一个农民工如果隶属于较高的职业阶层，那么其城市交往的异质性和城市身份认同就会增加，随之而来的是其城市融入程度也会提高；相反，如果处于较低的职业阶层，那么其社会交往的网络结构就会呈现同质性特征，进而不利于其城市融入。因此，农民工要适应城市生活且为城市文化所接纳，最基本的就是其职业以及由它获得的经济收入和社会地位。因为通过职业的竞争来提高就业质量，从而改善农民工的生存环境和对城市生活的认同接纳，是提高农民工经济地位、社会地位的主要路径。有学者研究表明，农民工融入城市必须具备三个基本条件：第一，在城市找到一份工作，立足城市；第二，这个工作能够使其获得经济收入的提升，增加与城市居民的交流，缩小与当地居民的生活差距；第三，通过长期与当地城市居民的互动形成与城市居民相一致的生活方式和价值观念。由此可见，农民工融入城市的整个过程都与其所从事的职业类型有着必然的联系，职业身份的转变会在很大程度上影响市民身份的转变。

第一节　理论分析与假设

当农民工的职业发生垂直流动时，会更容易加快其市民身份的转变。这可能是由于农民工实现职业垂直流动有利于促进其在城市生存和发展能力的形成和积累，而这种能力对于促进农民工的城市融入至关重要。通过职业垂直流动而形成的这种发展能力主要体现在两个方面：一方面，增加了农民工的收入水平，使其与城市居民在经济上的差距逐渐缩小，甚至有部分农民工的收入会超过城市居民的收入，农民工收入的增加，为他们提供了更多与城市交流的机会，部分人群可能在行为与心理上逐渐与城市现代文明靠拢，最终实现城市融入；另一方面，这种生存和发展能力的提高有利于扩大了农民工的社会网络。以往的研究已经表明，社会关系网络、社会交往会影响农民工的城市融入。例如，Lawler 和 Yoon 将城市融入界定为个人在社区层次上建立主要的社会网络，而在我们国家这样一个更加强调社会关系的传统文化中，社会网络与城市融入之间的关系更加密切①。并且，社会网络规模越大，强度越强，越有利于他们的城市融入。因此，农民工职业垂直向上流动促进其城市融入主要表现在以下两个方面。

1. 职业垂直流动可以提高农民工收入，促进经济地位上升。

首先，农民工通过职业垂直流动可以提高经济收入。劳动力的自由流动对劳动力市场发展和劳动力资源配置效率的提高至关重要。这种自主选择的职业垂直向上流动是劳动力合理流动的重要表现形式，也是农民工实现工资和收入增长的重要手段之一。而职业地位的排序本身就在一定程度上以收入水平为判断标准，因此农民工通过职业垂直向上流动必然带来经济收入的增长。其次，随着市场作用的不断强化，原有的身份体系相应弱化，依据人们的户籍身份将人分成高低不同的社会群体分层标准也有所弱化，现阶段对不同社会群体的评价，更多的是以因财产、收入等方面的差异而造成的社会经济地位的高低不同为标准。也就是说，随着市场经济的发展和深入，以身份为依据划分群体的标准将会弱化，经济地位、财富实力将会作为主要的评判标准。这样，进入城市的农民工由于职业垂直上升中社会资源的增多，经济地位获得了提高，为其提供了与城市发生联系的突破口，至少在经济层面为农民工中的精英融入城市生活中提供有效的途径②。

2. 职业垂直流动可以扩大农民工社会网络。

首先，当个体发生流动时，新的社会网络能够被重新构建起来。Curtis 认

---

① Lawler, E. J. and J. Yoon. Commitment in Exchange Relations: Test of a Theory of Relational Cohesion [J]. American Sociological Review, 1996 (61): 89-108.

② 李强．农民工与中国社会分层．北京：社会科学文献出版社，2004.

为，人都有被同化的可能性，由于社会结构的空间流动性和开放性，当人们进入一个新的地区或者环境时，能够预先了解当地人的生活方式、交流方式等，并能够在较短时间内减轻与当地居民之间的隔阂，进而很快地适应环境，并与周围人建立起广泛的社会关系①。其次，职业层次的不同会导致个体构建不同的社会网络。从社会网络的角度来看，不同职业类型的农民工处于不同的社会地位，其资源占有差别会影响其社会交往的对象；而反过来拥有的社会关系又会进一步影响个人获得社会资源的难易程度，从而改变他的社会地位。在城市社会中，社会网络最重要的部分是家庭以外的社会互动而形成的联系，其中很大一部分是源于工作的互动关系而形成的。以往的调查结果也表明个人的社会地位与跟他交往的人群的社会地位具有很强的相关性。社会成员之间的互动与交流也大多存在于相同的社会阶层内部。社会阶层较低的，接触对象的社会阶层也较低，当通过流动到达一个较高的社会阶层时，其交往对象的社会阶层也会相应提高，社会关系网络也会变得更加丰富。根据 Blau 的社会交往理论，一个人的职业身份地位会影响他社会关系网络的构建和维护，当他获得较高的社会职业地位时，在与外界的沟通交流的过程中面对的障碍较少，有利于其构建大规模、多层次、多元化的关系网络②。这与社会学家林南的社会资本理论的观点也相一致，即交往对象的职业地位、交往对象的异质性以及交往关系的强度是影响个人社会资源和社会网络的三个基本因素，并在此基础上提出了几个理论假设：社会地位越高，交往关系越强，网络内部成员的异质性越大，那么个体获取社会信息的能力就越强。因此，通过职业垂直流动，农民工在新的较好的工作环境中能够接触更多的社会层次相对较高的本地居民。相对于农民工传统的依据血缘关系构建的社会资本来讲，这种基于业缘形成的新的社会关系网络对提高农民工的社会层次和城市融入的作用更加明显。

由此，我们提出假说 1：职业垂直流动有利于农民工的城市融入。

中国长期以来都实行的是二元的劳动力市场机制，这种机制会对农民工的职业选择、工资报酬以及职业能力的提高等方面产生不利的影响。进城的农民工往往是处于次要劳动力市场中，由于缺乏内部劳动力市场机制的作用，他们的工作极其不稳定，具有职业流动率高的特点。然而我国农民工目前的职业流

① Curtis，R. F. Occupational Moblity and Membership in Formal Voluntary Associations：A Note on Research. American Sociological Review，1959（11）：846 – 848.

② Blau，A and M. Peter. Inequality and Heterogeneity. NewYork：The Free Press. 1977.

动仍局限于水平流动，实现职业上升的农民工寥寥无几，因为职业的垂直流动往往伴随着社会身份的转换和社会地位的提高，相比之下，职业的水平流动不会明显改善他们的地位和阶层。究其原因，农民工在中国的劳动力市场中处于一个相对弱势的地位，在职业流动的过程中，往往会遭遇到一些歧视性的待遇，增加他们的流动成本，这种现象在当前劳动力市场尚不完善的我国社会，更是屡见不鲜。另外，农民工进入城市主要依赖的就是强关系，在城市中的职业流动也是在强关系的带动下实现的。群体内部的同质性，就决定了该群体的流动主要会集中在同一水平上的平行流动。

农民工职业稳定性与城市融入意愿呈显著的正相关。也就是说，农民工在城市就业，工作越稳定，其城市定居意愿越强烈，从而越有利于其融入城市①。用新古典经济学人力资本理论可以解释为：工资收入会随着工作经验的增加而增加。从事同一种工作的时间越长，工资收入水平越高，换工作的可能性越小，一种合理的解释为劳动者不愿意因职业流动中断了其特定人力资本积累。根据Beeker② 和 Gibbons③ 的人力资本理论，人力资本由通用性、专用性和任务专用性三种，通用性人力资本是从事各种职业都应具备的人力资本类型，专用性人力资本指的是能够转化给工作能力较高的那部分人力资本，而任务专用性人力资本是指通过特定任务的完成获得的人力资本类型。农民工职业流动虽然可以增加工作经验，开阔眼界，并可以通过多次的职业流动选择更有核心力和竞争力的职业。但实际的情况却是：当农民工发生职业流动时，得到积累和循环的是他的通用性人力资本，而专用性人力资本和任务性人力资本会因为工作的改变而中断，被浪费掉。因此，农民工这种频繁的、水平的职业流动会使其人力资本积累受到限制，不利于其身份和地位转换的实现。

由此，我们提出假说2：职业水平流动阻碍了农民工的城市融入。

一、农民工职业流动状况与城市融入

根据前面的理论分析可知，农民工的城市融入会在一定程度上受到职业流动的影响。我们按照农民工职业流动状况，将其分为职业垂直流动、职业水平流动

① 戚迪明，张广胜．农民工流动与城市定居意愿分析．农业技术经济，2012（4）：50.

② Becker. Human Capital［M］. New york：NBER，1964.

③ Gibbons，Robert and Michael waldman. Task – Specific Human Capital［J］. American Economic Review，2004（94）：203 –207.

和未发生职业流动三种情况。调查结果显示，实现职业垂直流动的农民工，他们融入城市的状况好一些，而职业水平流动的农民工的城市融入状况更差。从图5－1可以看出，实现职业垂直流动的农民工愿意留在所在城市的比例最高，为29.1%；其次是未发生过职业流动的农民工，其愿意留在所在城市的比例为25.4%；城市融入程度最低的群体是职业水平流动的农民工，其愿意留在所在城市的比例只有21.0%，这一比例明显低于实现职业垂直流动的农民工（见图5－1）。

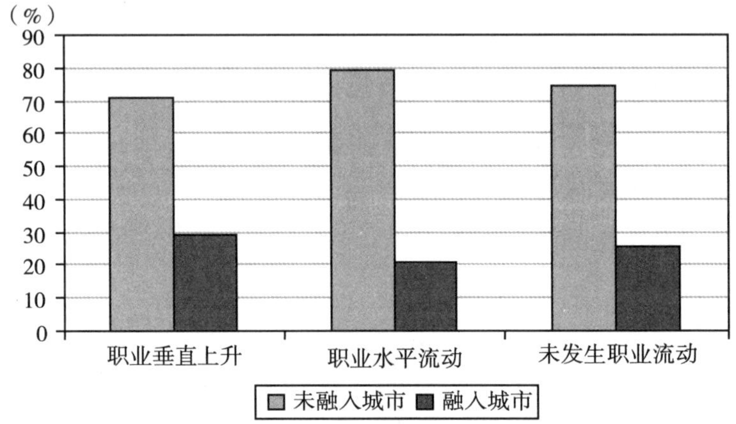

图5－1　农民工职业流动与其城市融入

二、农民工职业上升通道与城市融入

为了探究农民工职业上升通道对其城市融入状况的影响。我们根据不同职业类型所代表的社会地位、可获得的经济收入以及所掌握资源的不同，将所有的职业类型划分为不同的层级。农民工会通过不同的职业通道进入不同的职业层级，有些农民工虽然通过职业流动进入相同的职业层级，但是由于上升通道的不同，也会对他的生活方式以及对城市生活的认同产生不同的影响。在划分时，虽然专业技术人员和经理人员或者国家社会管理者在社会生活中都占有相对较多的资源，但考虑到在中国，技能和权力是十分不同的资源。专业技术人员虽然也拥有一定的能力和职业声望，但是与政府管理人员或者是其他精英群体相比，还是缺乏了相应的社会地位和政治权利。因此，本章将所有的职业类型划分为管理精英、技术精英和一般劳动力三个层次。然后对有多次流动经历的农民工的初始职业所属层级与其当前所从事职业所属层级进行比较，来反映农民工职业流动过程中不同的职业上升通道。

从表5－1可以看出，在那些实现职业上升的农民工中第一次流动时，有97.6%的农民工从事的职业类型属于缺乏技术含量的一般劳动力的层面。在经过一段时间复杂的流动经历后，一部分农民工当前职业所属层级的分布已经发生了明显的变化。虽然职业类型属于一般劳动力的比例依旧最大，但较之初始职业已经下降到30.6%，下降了60.0%。与之相反，当前职业属于技术精英层次和管理精英层次的比重都有所上升。具体来看，技术精英层次所占比重由原来的2.2%上升到64.5%。管理精英层次所占比重由最初的0.2%上升到4.9%。其中，由一般劳动力直接上升为管理精英的农民工所占比重为4.1%，由技术精英上升为管理精英的农民工所占比重为60.3%（见表5－2）。

表5－1　农民工职业类别与职业分层（%）

职业分层	职业类别	初始职业	当前职业
管理精英	国家与社会管理者、经理人员、私营企业主	0.2	4.9
技术精英	专业技术人员、办事人员、个体工商户	2.2	64.5
一般劳动力	商业服务业员工、产业工人、农业劳动者、无固定职业者	97.6	30.6

表5－2　农民工职业上升通道类型（%）

当前职业 / 初始职业	一般劳动力	技术精英	管理精英
一般劳动力	26.5	69.4	4.1
技术精英	0.0	39.7	60.3
管理精英	0.0	0.0	100.0

三、农民工职业流动与城市融入的内部差异

从性别来看，发生职业流动的女性农民工的城市融入度要比男性更高一些。具体来看，发生职业流动的男性农民工的城市融入度要比发生职业流动的女性农民工低2个百分点。从不同代际的角度来看，随着“80后”年轻一代农民工的出现，我国农民工群体已经出现明显的分化，分成新生代和老一代这两代不

同的群体。新生代和老一代农民工由于其个体特征、生活环境、价值取向以及思想观念等多方面都存在着差异，这些差异又会直接或间接地影响其城市融入的程度。从统计数据可看，同样是发生职业流动的农民工中，新生代农民工的城市融入程度要比老一代农民工高出2.5个百分点。从受教育程度来看，受教育程度在高中及以上的农民工发生职业流动后的城市融入要比受教育程度为初中及以下的高出4.6%。从区域特征的角度来看，在中部省份务工的发生职业流动的农民工的城市融入度最高为39.1%，其次西部为28.6%，东部最低为22.9%。

第二节　农民工职业流动与城市融入计量分析

本节从实证分析的角度论证了农民工职业流动对城市融入的影响。首先构建本章的回归模型，并对该模型的设置，以及变量的选择进行详细的说明。然后分别从不同的角度考察了农民工职业流动对城市融入的影响。

一、模型构建与变量设置

从描述性分析的结果来看，农民工职业流动与其城市融入有很强的关联性。基于前述的理论分析以及提出的假说，本章建立如下关于农民工城市融入的计量模型，并在此基础上对农民工职业流动类型与城市融入之间的关系进行实证分析：

$$Y_i = f(X_i, M_i) + \varepsilon_i \tag{5-1}$$

其中，Y_i表示农民工i的城市融入状况。农民工在城市生活的一个最好、最稳定的状态就是在城市定居进而融入城市成为市民，因此，衡量农民工城市融入状况的一个重要标准就是看他们是否愿意在城市定居。因而是否打算在流入地建房能够较好地反映农民工的城市融入状况，本章选取该变量为因变量。由于农民工城市融入状况（是否打算在本地建房，1 = 是，0 = 否）为0/1二分类变量，可以选用SPSS软件进行二项Logistic回归分析。

X_i表示农民工职业流动的状况，本章根据职业流动的方向，将农民工职业流动状况分为职业垂直流动和职业水平流动两种类型。M_i是控制变量，根据以往的研究，其他影响农民工城市融入的因素还包括以下几个方面：（1）个人特征，包括被调查者的年龄、性别、婚姻状况、受教育年限、是否接受过培训以及流动类型和流动时间。（2）家庭特征，主要包括在城市流动的户内总人数，是否有15岁以下的小孩在老家以及老家是否有土地。（3）政策制度，随着普惠型社会保障体系的逐步建立，更多的农民工能够享受到更好的生活保障，这将极大地促进农民工群体的城市融入。因此，在根本的户籍制度没有彻底改变的情况下，本章衡量政策因素所使用的指标是被调查者获得社会保障的情况，具体包括：是否拥有城镇养老保险、是否拥有住房公积金、是否拥有当地政府为农民工提供的保险、是否有农村合作医疗、是否有农村养老保险、是否有正式就业合同以及是否听说过中小城镇户籍放开制度。ε_i是随机扰动项，其中各变量的统计值描述如表5－3所示。

表5－3　各变量的统计描述

变量	变量含义	样本量	均值	标准差
职业是否垂直流动	1＝是；0＝否	46491	0.119	0.324
职业是否水平流动	1＝是；0＝否	46491	0.148	0.355
性别	1＝男；0＝女	46491	0.575	0.494
年龄	单位：岁	46491	35.791	8.823
婚姻状况	1＝未婚	46491	0.194	0.395
受教育年限	单位：年	46491	8.903	2.489
是否接受培训	1＝是	46491	0.115	0.320
流动类型	1＝跨省；0＝省内	46491	0.489	0.499
流动时间	单位：年	46491	5.902	5.014
户内总人数	在城市中的家庭人数	46491	3.235	3.106
是否有15岁以下小孩在老家	1＝是；0＝否	46491	0.023	0.150
老家是否有土地	1＝是；0＝否	46491	0.939	0.237
是否有城镇养老保险	1＝是；0＝否	46491	0.075	0.264
是否有住房公积金	1＝是；0＝否	46491	0.018	0.134
是否有正式就业合同	1＝是；0＝否	46491	0.270	0.444
是否有当地政府为农民工提供的保险	1＝是；0＝否	46491	0.036	0.186

续表

变量	变量含义	样本量	均值	标准差
是否听说过中小城镇户籍放开制度	1 = 是；0 = 否	46491	0. 225	0. 418
是否有农村合作医疗	1 = 是；0 = 否	46491	0. 636	0. 481
是否有农村养老保险	1 = 是；0 = 否	46491	0. 066	0. 249

二、职业垂直流动、水平流动对城市融入的影响分析

（一）不同职业流动类型对农民工城市融入的影响估计

表 5 – 4 给出了农民工职业流动类型对其城市融入影响的估计结果。从总体来看，农民工职业流动类型对其城市融入产生了重要的影响，且在 1% 的统计水平上显著。

表 5 – 4　　　　职业流动类型对农民工城市融入的影响

	模型一		模型二	
	B	Exp（B）	B	Exp（B）
职业流动类型				
职业是否垂直流动	0. 135***	1. 145		
职业是否水平流动			–0. 144***	0. 866
个人特征				
性别	–0. 030*	0. 971	–0. 024	0. 976
年龄	–0. 022***	0. 978	–0. 022***	0. 979
婚姻状况	–0. 227***	0. 797	–0. 237***	0. 789
受教育年限	0. 115***	1. 122	0. 115***	1. 122
是否接受培训	0. 090***	1. 094	0. 092***	1. 096
流动类型	–0. 862***	0. 422	–0. 854***	0. 426
流动时间	0. 073***	1. 076	0. 071***	1. 073
家庭特征				
户内总人数	0. 258***	1. 295	0. 257***	1. 293
是否有 15 岁以下小孩在老家	–0. 429***	0. 651	–0. 420***	0. 657
老家是否有土地	–0. 332***	0. 718	–0. 334***	0. 716

续表

	模型一		模型二	
	B	Exp（B）	B	Exp（B）
政策制度				
是否有城镇养老保险	0.257***	1.293	0.265***	1.304
是否有住房公积金	0.368***	1.445	0.363***	1.438
是否有正式就业合同	-0.179***	0.836	-0.176***	0.839
是否有当地政府为农民工提供的保险	-0.032	0.969	-0.030	0.971
是否听说过中小城镇户籍放开制度	0.264***	1.302	0.265***	1.303
是否有农村合作医疗	-0.170***	0.844	-0.165***	0.848
是否有农村养老保险	0.039	1.040	0.043	1.044
常数项	-1.527***		-1.488***	
有效样本量	46491		46491	
卡方值	9069.205***		9074.845***	
R^2	0.153		0.153	

注：***、**、*分别表示估计系数在1%、5%和10%的水平上显著。

首先，从农民工职业流动类型来看，实现职业垂直流动的农民工城市融入状况更好。农民工职业垂直流动对其在本地买房意愿有着显著的正向影响，并在1%的水平上显著。相对于那些没发生职业流动和职业水平流动的农民工来说，实现职业垂直上升流动的农民工城市融入状况的发生率要增加14.5%。这很好地验证了我们的假说1。而职业水平流动的回归系数为负，并在1%的水平上显著。说明职业水平流动对于农民工的城市融入状况有着显著的负向影响。那些频繁变换工作的，并且前后从事的职业处于同一层次的农民工的城市融入状况要差一些。从发生率来看，职业水平流动的农民工的城市融入状况只有那些未发生职业流动以及职业垂直上升流动的农民工的86.6%，这也有力地证实了我们的假说2。

其次，个人特征仍然是影响农民工城市融入的重要因素，列入模型中所有的农民工个人特征（包括被调查者的年龄、性别、婚姻状况、受教育年限，是否接受过培训以及流动类型和流动时间）均对其城市融入有显著性影响，并且除性别以外，其他变量都在1%的统计水平上显著。其中，受教育年限、培训经历以及流入城市时间对农民工城市融入有正向影响，说明那些在城市工作时间较长，并且接受过较高教育以及公司为其提供相应工作培训的农民工的城市融入状况更好。因此，提高教育水平，鼓励企业及其他社会组织为农民工提供职业培训有利于促进农民工的城市融入。相反的，性别、年龄、婚姻状况以及是否跨省流动对农民工的城市融入有负向的影响。离家乡越远，对流入地的认同感越低，缺乏一种归属感，不利于农民工的城市融入。从农民工家庭特征来看，整个家庭中在城市的总人数对农民工城市融入意愿有正向影响，也就是说，家庭中在城市务工的人数越多，越有利于农民工的城市融入。老家中有15岁以下的小孩以及老家中有土地对农民工城市融入有负向影响。农民工子女在城市入学难，教育成本高，很多家庭选择将小孩留在老家交给老人照顾，这不但不利于留守儿童的健康成长，增加了农民工与家乡的联系，使其难以隔断与家乡的联系，经常呈现“候鸟式”的迁徙，不利于农民工的城市融入。从社会政策制度来看，是否签订正式的就业合同、是否拥有住房公积金、是否享有城镇养老保险以及是否听说过中小城镇户籍放开制度这一系列社会保障制度都会对农民工的城市融入产生正向促进作用，并且十分显著。对于这一点，以往的研究也都给出了相同的结论。而是否有当地政府为农民工提供的保险以及是否有农村养老保险这两个变量对农民工城市融入意愿没有显著性影响作用。这可能是由于目前专门针对农民工提供的保险还处于试行阶段，只有少数城市如广东、深圳、南京、重庆等专门为农民工提供各种医疗或养老保险，使享受到此项保障的农民工占极少数。关于农村养老保险，我国农村养老金的标准较低（基础养老金标准为每人每月55元），普遍认为农村养老保险对于改善农民工的生活影响并不大，因此是否享有农村养老保险不会对农民工的城市融入产生显著影响。

（二）不同职业上升通道对农民工城市融入的影响估计

前述关于职业流动类型对农民工城市融入的分析验证了本章最初的假说，即职业垂直流动有利于促进农民工的城市融入，而职业水平流动会阻碍农民工城市融入的进程。这让我们从宏观的角度了解了农民工职业流动与城市融入之间的关系，那么怎样才能更加全面地认识职业流动对农民工城市融入的影响？以及通过不同的职业上升通道会对农民工城市融入的影响存在怎样的区别呢？为了更加深入地探讨农民工的职业上升通道对其城市融入的影响，以及怎样的职业上升通道能够更好地促进农民工的城市融入。我们在此选取那些具有职业垂直流动经历以及未发生职业流动的农民工群体做样本，来对上述问题做进一步探讨。

表5－5给出了农民工不同的职业上升通道对其城市融入影响估计的回归结果。从模型中可以看出，无论通过怎样的职业上升通道，只要农民工的职业阶层有所提高，对其城市融入都有着正向的影响，且在1%水平上显著。但是，职业上升通道的不同，对农民工城市融入的正向促进作用的效果也存在着明显的差异。农民工通过职业垂直流动，实现职业层次转变的跨度越大，以及职业垂直流动后所到达的社会阶层越高，其城市融入状况越好。从分析结果来看，与那些职业未发生流动的农民工相比。当农民工由最初的缺乏技术含量的一般劳动力上升为技术精英时，其城市融入状况的发生率要增加22.3%；同样的，当农民工由于缺乏技术含量的一般劳动力，跨过技术精英，直接上升为管理精英时，其城市融入状况的发生率要增加45.7%；由此可见，当农民工职业流动实现的职业层次上升越大，其城市融入状况越好。而当农民工由技术精英转变为拥有较多社会资源和较高社会地位的管理精英时，其城市融入程度最高，城市融入状况的发生率要增加85.5%。虽然，与由一般劳动力直接上升为管理精英的那部分农民工相比，这部分农民工职业上升的层次跨度并不高，但其城市融入状况却更好。因此，农民工的城市融入状况不仅会受到职业上升层次以及目前所达到的职业地位的影响，其初始职业的职业地位、职业声望也会对其城市融入产生重要影响。

表5－5　　农民工职业上升通道对城市融入的影响

	模型	
	B	Exp（B）
职业层次（未发生职业变换为参照组）		
由一般劳动力转为技术精英	0.201***	1.223
由一般劳动力转为管理精英	0.376***	1.457
由技术精英转为管理精英	0.618***	1.855
个人特征		
性别	－0.064***	0.938
年龄	－0.006***	0.994
婚姻状况	－0.309***	0.734
受教育年限	0.029***	1.029

续表

	模型	
	B	Exp（B）
是否接受培训	0.149***	1.161
流动类型	-0.248***	0.780
流动时间	0.095***	1.100
家庭特征		
户内总人数	0.312***	1.366
是否有15岁以下小孩在老家	-0.006	0.994
老家是否有土地	-0.270***	0.764
政治制度		
是否有城镇养老保险	0.428***	1.533
是否有住房公积金	0.378***	1.459
是否有正式就业合同	-0.065	0.937
是否有当地政府为农民工提供的保险	0.121**	1.129
是否听说过中小城镇户籍放开制度	0.187***	1.205
是否有农村合作医疗	-0.010	0.990
是否有农村养老保险	0.103***	1.108
常数项	-0.371***	
有效样本量	33605	
卡方值	8041.209***	
R^2	0.141	

注：***、**、*分别表示估计系数在1%、5%和10%的水平上显著。

（三）性别、代际、人力资本差异下农民工职业流动与城市融入

农民工中的不同群体，具有不同人力资本或者年龄的农民工，他们的职业流动对其城市融入的影响会不会存在不同？在不同地方务工的农民工的职业流动是否会对其城市融入产生不同的影响？重视对农民工群体的分类并加以有针对性的研究，能够更加有助于我们深刻地认识这些问题并解决问题。因此，本章从不同角度对农民工群体加以区分，以下就是针对不同群体的农民工，分别讨论职业流动对其城市融入的不同影响。

1. 性别差异视角下农民工职业流动与城市融入。

在城市社会生活中，农民工群体本身就是一个弱势群体，而女性农民工则

处于更加弱势的地位。传统的观点认为，女性农民工在城市就业往往面临职业性别歧视、缺乏权益保障等问题，会使其面临就业困境，限制其就业层次的提升，不利于城市融入。然而，表5－6中模型一从性别差异的角度考查了农民工职业流动对城市融入的影响，估计结果显示，实现职业流动的女性农民工的城市融入程度要高于男性农民工。具体来看，实现职业流动的女性农民工融入城市的发生率要比男性农民工高5%。这说明，相比于男性而言，女性更容易通过职业身份的转变获得社会身份的转变。造成这种现象的原因可能是：首先，在一般情况下，女性的城市融入倾向就高于男性；其次，女性农民工的职业流动会受到家庭特征以及劳动力市场结构的变动等众多额外因素的影响，往往更倾向于较为稳定的工作岗位，职业流动性较低。在发生职业流动时往往比男性面临更多的牵制和障碍，流动的成本更高。因此，在多数情况下，女性农民工只有在确定通过职业流动能够获得职业地位的上升时，才会努力冲破当前体制机制障碍和各种歧视来实现职业流动，女性农民工的职业上升的比例往往会高于男性农民工。此外，有研究表明，相对于男性而言，获得较高职业地位的女性与城市居民之间具有更强的社会交往，女性农民工更容易与城市居民在生产、经营关系的基础上发展起来基于业缘的社会关系网络。因此，通过与城市居民更多的互动与交往，更有利于女性农民工关系网络的形成和巩固，对于真正融入城市有着积极的影响。

表5－6　　农民工职业上升与城市融入估计结果

	模型一				模型二			
	男性农民工		女性农民工		新生代农民工		老一代农民工	
	B	Exp（B）	B	Exp（B）	B	Exp（B）	B	Exp（B）
职业流动类型								
是否发生职业流动	0.137***	1.147	0.185***	1.203	0.211***	1.235	0.121***	1.128
个人特征								
性别					－0.076*	0.927	0.115***	1.122
年龄	－0.022***	0.978	－0.019***	0.981				
婚姻状况	－0.108***	0.898	－0.272***	0.762	－0.200***	0.818	0.183	1.201
受教育年限	0.122***	1.130	0.120***	1.127	0.152***	1.164	0.110***	1.117
是否接受培训	0.089***	1.093	0.082	1.086	0.034	1.034	0.124**	1.132
流动类型	－0.864***	0.421	－0.872***	0.418	－0.996***	0.369	－0.769***	0.463
流动时间	0.069***	1.072	0.081***	1.084	0.100***	1.105	0.062***	1.064

续表

	模型一				模型二			
	男性农民工		女性农民工		新生代农民工		老一代农民工	
	B	Exp (B)	B	Exp (B)	B	Exp (B)	B	Exp (B)
家庭特征								
户内总人数	0.227***	1.319	0.285***	1.329	0.201***	1.223	0.330***	1.391
是否有15岁以下小孩在老家	-0.271***	0.763	-0.518***	0.596	-0.551**	0.576	-0.285***	0.752
老家是否有土地	-0.397***	0.673	-0.206***	0.814	-0.231***	0.794	-0.350***	0.705
政策制度								
是否有城镇养老保险	0.307***	1.360	0.289***	1.335	0.313***	1.367	0.301***	1.352
是否有住房公积金	0.412***	1.509	0.335**	1.398	0.048	1.049	0.739***	2.095
是否有正式就业合同	-0.332***	0.718	-0.117**	0.890	-0.104**	0.902	-0.390***	0.677
是否有当地政府为农民工提供的保险	0.062	1.064	-0.011	0.989	0.038	1.039	0.033	1.034
是否听说过中小城镇户籍放开制度	0.269***	1.309	0.344***	1.410	0.165***	1.179	0.370***	1.448
是否有农村合作医疗	-0.198***	0.821	-0.145***	0.865	-0.079*	0.924	-0.226***	0.797
是否有农村养老保险	0.104	1.110	0.001	1.001	0.104	1.109	0.048***	1.049
常数项	-1.547***		-1.919***		-2.476***		-2.651***	
有效样本量	19571		14034		13232		20373	
卡方值	2064.965***		1512.681***		1369.978***		2248.258***	
R^2	0.146		0.150		0.144		0.152	

续表

	模型三				模型四					
	初中及以下		高中及以上		东部		中部		西部	
	B	Exp(B)	B	Exp(B)	B	Exp(B)	B	Exp(B)	B	Exp(B)
职业流动状况										
是否发生职业流动	0.135***	1.145	0.216***	1.242	0.107**	1.158	0.121***	1.128	0.109**	1.113
个人特征										
性别	0.015	1.015	0.023	1.023	0.007	1.066	0.115***	1.122	0.007	1.007
年龄	0.125***	1.010	0.021	1.030	-0.025***	0.985	-0.021***	0.983	-0.025***	0.976
婚姻状况	-0.095*	0.909	-0.352***	0.704	-0.144*	0.866	0.183	1.201	-0.144*	0.866
受教育年限					0.080***	1.181	0.110***	1.117	0.080***	1.083

续表

	模型三				模型四					
	初中及以下		高中及以上		东部		中部		西部	
	B	Exp(B)	B	Exp(B)	B	Exp(B)	B	Exp(B)	B	Exp(B)
是否接受培训	0.105 **	1.110	0.010	1.010	0.133 *	1.065	0.124 **	1.132	0.133 *	1.142
流动类型	-0.845 ***	0.429	-0.914 ***	0.401	-0.440 ***	0.363	-0.769 ***	0.463	-0.440 ***	0.644
流动时间	0.074 ***	1.077	0.066 ***	1.068	0.079 ***	1.078	0.062 ***	1.064	0.079 ***	1.083
家庭特征										
户内总人数	0.280 ***	1.324	0.265 ***	0.755	0.291 ***	1.313	0.330 ***	1.391	0.265 ***	1.304
是否有15岁以下小孩在老家	-0.381 ***	0.683	-0.281	0.900	-0.262	0.720	-0.285 ***	0.752	-0.457 ***	0.633
老家是否有土地	-0.373 ***	0.689	-0.106	1.335	-0.346 ***	1.158	-0.350 ***	0.705	-0.346 ***	0.708
政策制度										
是否有城镇养老保险	0.257 ***	1.293	0.289 ***	1.124	0.258 **	1.066	0.301 ***	1.352	0.258 **	1.294
是否有住房公积金	0.580 **	1.786	0.117	0.887	0.699 ***	0.985	0.739 ***	2.095	0.699 ***	2.011
是否有正式就业合同	-0.299	0.742	-0.120 *	0.972	-0.190 **	0.866	-0.390 ***	0.677	-0.190 **	0.827
是否有当地政府为农民工提供的保险	-0.038 *	0.962	-0.028 *	1.162	0.112	1.181	0.033	1.034	0.112	1.119
是否听说过中小城镇户籍放开制度	0.351 ***	1.421	0.150 **	0.804	0.236 ***	1.065	0.370 ***	1.448	0.236 ***	1.267
是否有农村合作医疗	-0.159 ***	0.853	-0.218 ***	1.149	-0.224 ***	0.845	-0.226 ***	0.797	-0.224 ***	0.800
是否有农村养老保险	0.043	1.044	0.139	0.086	-0.072	1.051	0.048 ***	1.049	-0.072	0.930
常数项	0.179 ***		0.369 ***		-2.571 ***		-1.225 ***		-1.255 ***	
有效样本量	27087		6518		14971		9181		9453	
卡方值	2564.288 ***		707.110 ***		1788.688 ***		836.119 ***		663.674 ***	
R^2	0.135		0.141		0.175		0.120		1.099	

注：***、**、*分别表示估计系数在1%、5%和10%的水平上显著。

2. 代际差异下农民工职业流动与城市融入。

出生于20世纪80年代以后的新生代农民工与老一代农民工的社会认知、价值观念等方面存在很大的不同，这也会导致他们在职业选择方面的差异。表5－6中模型二反映了农民工职业流动与城市融入的代际差异，估计结果显示，实现职业流动的新生代农民工的城市融入程度要高于老一代农民工。这可能是由于：首先，新生代农民工与老一代农民工的受教育程度、培训经历以及个人综合素质有一定差异，致使新生代农民工的就业层次（以从事的工种所拥有的社会资源和社会地位来看）高于老一代农民工。因此，当新生代农民工发生职业流动时，更容易进入较高的职业层次，从而增强其城市融入能力。其次，新生代农民工与老一代农民工相比，求职渠道更加广泛，老一代农民工更多地依赖强关系来获取职业信息，进入城市的渠道主要是通过血缘、地缘和业缘，就业渠道较窄，职业选择空间较小。而新生代农民工获取信息的能力更强，可以通过人才市场或者人才招聘网站等公共平台，通过结合自身条件以及职业发展的要求选择有利于充分发挥自身优势并且职业上升空间较大的职业，从而更加利于自身的长期发展。这种职业获得方式也会影响农民工职业的选择，影响农民工职业流动上升的层次，从而影响其城市融入。最后，新生代农民工与老一代农民工对于职业发展的期望会有所不同，老一代农民工工作的首要目的是获得一定的收入来维系生活，并未从长远的角度考虑自身的发展，而新生代农民工在追求经济收入的同时，会考虑个人职业的发展。因此，新生代农民工更愿意选择一些存在上升机会或者职业发展空间的工作，而不仅仅只关注当前的收入水平，这会在一定程度上影响农民工职业流动的路径，进而对其城市融入产生积极的影响。

3. 人力资本差异下农民工职业流动与城市融入。

文化程度是反映农民工人力资本存量最重要的指标，表5－6中模型三描述了拥有不同教育程度农民工的职业流动对其城市融入影响的差异，同时也反映了人力资本差异下农民工职业流动对其城市融入影响的不同。估计结果显示，实现职业流动的农民工群体中，拥有高中及以上学历，也就是受教育程度较高，拥有较高人力资本的农民工的城市融入程度要高于学历为初中及以下的农民工群体。这是由于，众多学者的研究已经表明人力资本与就业机会之间存在明显的正向关系。拥有较高人力资本对农民工成为管理型以及专业技术型人员都具有正向的促进作用。具有较高人力资本的农民工更有机会可以成为管理和专业技术精英[①]。也就是说，拥有较高人力资本的农民工能够在人力资源市场竞争中

① 姚先国，俞玲．农民工职业分层与人力资本约束．浙江大学学报（人文社会科学版），2006（5）：19－22.

处于更加有利的地位，更加容易获得较好的工作机会，从事较高技能的职业，为进一步融入城市奠定更加坚实的经济和物质基础。根据前面对职业流动类型的研究我们可以发现，当农民工实现职业垂直流动，进入一个拥有较高经济收入和社会地位的职业阶层时，他的城市融入状况会明显提高。而获得良好的教育对于劳动者来讲，特别是对于受教育程度普遍较低的农民工来讲，不但能使其获得丰富的知识和熟练的技能，更重要的功能是：能够在社会化的过程中，为农民工等社会阶层较低的群体提供一个进入主要劳动力市场的机会，增加其实现职业垂直流动的可能。因此，受教育程度较高的农民工在城市工作一段时间之后，更有利于其职业技能的积累，从而通过职业流动实现职业上升，帮助他们更快地实现城市融入。

4. 区域差异视角下农民工职业流动与城市融入。

表5－6中模型四反映了农民工职业流动与城市融入的区域差异。估计结果显示，实现职业流动的农民工中城市融入程度最高的是中部地区，其次是西部地区，东部地区最低。东部地区曾经是农民外出务工的首选之地，经济的快速发展为进城务工的农民提供了大量的工作机会。大量劳动力的不断涌入，为东部地区经济快速发展做出了突出贡献，但是农民工群体却并未享受到经济发展的成果。相反，与当地城市居民形成分明的“二元结构”，面临社会保障、社会权益的缺失，子女就学难等一系列问题，这些都使农民工面临很高的城市融入“门槛”，也在很大程度上阻碍了农民工的城市融入。随着东部地区劳动密集型产业生产成本的不断增加，加上国家政策的推动，以及中西部地区政府的大力支持和引导，东部地区的一些企业，特别是一些劳动密集型产业逐步开始往中西部转移，使东部地区对农民工的吸引力大大减弱，农民工纷纷流入中西部地区。特别是中部地区凭借其优越的地理位置、资源环境以及一定的产业基础等优势，加上国家为了促进中部快速发展，提出的中部崛起战略计划等经济政策的实施，为其承接东部地区的产业转移提供了充足的条件。产业转移的不断推进带来的是更多农民工流入中部城市，在那里获得更多、更好的工作机会，而中部地区为了抢夺吸引农民工，也会为农民工提供更高、更好的社会保障。因此，在这种情况下，中部地区的农民工通过职业流动，能够面临更多的职业选择获得更好的职业，有利于更好地发挥自身价值，这会在很大程度上提高他们的城市融入状况。

第三节 农民工职业流动与城市融入影响因素代际差异

农民工由农村迁移到城市不仅仅是人口的空间流动，而在于与城市生活多方面的融入，包括生活方式、心理观念、价值取向等。在这一过程中，首先发生改变的就是农民工职业的变化。因此，有必要研究在代际视角下，职业流动对城市融入的影响。这里分别将老一代农民工群体和新生代农民工群体针对两种不同类型职业流动，对其进行线性回归，比较其影响因素的差异。

从表 5-7 可以看出，发生水平流动的老一代农民工群体中：相对于未婚，已婚群体的城市融入程度要更好。在受教育程度方面，相对于小学及以下的受教育程度，拥有初中、高中及中专或大专及以上的受教育程度，均对其城市融入有积极影响。家庭拥有 15 周岁以下子女个数以及就业身份都对其城市融入有显著的积极影响。在农村政策方面，新型农村养老政策对其有积极作用，而新型农村合作医疗政策则对其城市融入起着阻碍作用。

表 5-7　　老一代农民工职业流动与城市融入影响因素 OLS 回归结果

职业流动方向	水平流动		垂直流动	
解释变量	系数	标准误	系数	标准误
性别（女）	-0.007	0.009	-0.072**	0.032
年龄	-0.002	0.001	0.000	0.003
婚姻状况（未婚）	0.145***	0.044	-0.012	0.113
受教育程度（小学及以下）				
初中	0.024**	0.010	0.010	0.036
高中及中专	0.057***	0.014	-0.003	0.045
大专及以上	0.234***	0.038	0.046***	0.093
流动类型（市内跨县）				
省内跨市	-0.011	0.013	-0.013	0.046
跨省流动	-0.008	0.013	-0.028	0.043

续表

职业流动方向	水平流动		垂直流动	
解释变量	系数	标准误	系数	标准误
近一年来是否接受过相关培训（否）	0.017	0.012	0.057	0.040
您共有几个15周岁及以下子女	0.039***	0.006	0.070**	0.021
就业身份（雇员及家庭帮工）				
自营	0.048***	0.009	0.107***	0.031
雇主	0.161***	0.015	0.217***	0.055
是否享有新型农村养老保险（否及不清楚）	0.032**	0.014	0.015	0.050
是否享有新型农村合作医疗（否及不清楚）	-0.036***	0.009	-0.016**	0.031
常数项	-0.121**	0.061	0.005	0.175
调整的R方	0.036		0.050	
F的检验值	22.610		3.357	
Sig.	0.000		0.000	

注：***、** 分别表示在1%、5%的水平上显著。括号中为参照类。

在发生垂直流动的老一代农民工群体中：性别方面，男性的城市融入要低于女性。在受教育程度方面，相对于小学及以下的受教育程度，只有拥有大专及以上的受教育程度对其有显著的积极影响。同样地，家庭拥有15周岁以下子女个数以及就业身份都对其城市融入有显著的积极影响。在农村政策方面，新型农村养老对其作用不显著，而新型农村合作医疗政策则对其城市融入起着阻碍作用。

从表5-8可以看出，发生水平流动的新生代农民工群体中：男性的城市融入要低于女性。在受教育程度方面，相对于小学及以下的受教育程度，只有拥有大专及以上的受教育程度对其有显著的积极影响。参加政府组织的就业培训以及就业身份都对其城市融入有显著的积极影响。在农村政策方面，新型农村养老政策对其有积极作用，而新型农村合作医疗政策则对其城市融入起着阻碍作用，而职业垂直流动的线性回归拟合效果较差。

表 5－8　　新生代农民工职业流动与城市融入影响因素 OLS 回归结果

职业流动方向	水平流动		垂直流动	
解释变量	系数	标准误	系数	标准误
性别（女）	－0.026**	0.013	0.055	0.049
年龄	0.006**	0.003	0.003	0.011
婚姻状况（未婚）	0.010	0.090	0.118	0.230
受教育程度（小学及以下）				
初中	0.008	0.023	0.156	0.129
高中及中专	0.035	0.027	0.185	0.132
大专及以上	0.117***	0.043	0.148	0.151
流动类型（市内跨县）				
省内跨市	-8.193^{e-5}	0.022	0.114	0.077
跨省流动	0.031	0.020	0.058	0.073
近一年来是否接受过相关培训（否）	0.045**	0.020	0.007	0.071
15 周岁及以下子女	0.013	0.013	0.008	0.048
就业身份（雇员及家庭帮工）				
自营	0.055***	0.015	0.069	0.053
雇主	0.165***	0.027	0.031	0.099
是否享有新型农村养老保险（否及不清楚）	0.007**	0.026	0.136	0.102
是否享有新型农村合作医疗（否及不清楚）	－0.029***	0.015	－0.020	0.056
常数项	－0.228	0.128	－0.462	0.416
调整的 R 方	0.019		0.012	
F 的检验值	5.230		0.766	
Sig.	0.000		0.000	

注：***、** 分别表示在 1%、5% 的水平上显著。括号中为参照类。

此外，对比均发生水平流动的不同代际农民工城市融入情况可以发现，对老一代农民群体城市融入有显著影响的因素是：婚姻状况、受教育程度、15 周岁以下子女个数、就业身份以及农村政策；而对新生代农民工群体城市融入有显著影响的因素是：性别、年龄、大专及以上受教育程度、政府组织的就业培训、就业身份、农村政策。两者之间存在差异。

第六章 结论与建议

大量农村剩余劳动力转移到城市寻找工作，但由于其资本和能力缺乏竞争优势，只能进入次级劳动力市场，从事一些缺乏技术含量、工资收入较低的工作，而这种工作往往具有很强的流动性，因此农民工的职业具有很强的不稳定性特征。此外，由于社会制度、政策的原因，农民工的职业流动空间大多呈压缩状态，职业经验也不能得到持续的累积，各次职业间的关联性很弱，因而农民工很难通过职业的改变来实现身份地位的改变。然而，农民工的这种职业流动也是其社会身份获得的重要表现形式。因此，通过对农民工职业流动的研究可以在一定程度上反映出农民工社会地位的变化，从而间接地考察农民工市民化的可能性。因此，了解农民工职业选择、职业流动与城市融入之间的相互关系，对加快我国农村剩余劳动力转移，促进农民工市民化的进程具有重大意义。基于此，本书对农民工职业选择、职业流动对城市融入的影响进行了着重的分析。

第一节 主要结论

自21世纪初提出新生代农民工的概念以来，学术界对新老农民工这两个群体特征的差异尤为关注。由于老一代农民工和新生代农民工出生和成长的时代背景不同，文化、观念和行为上都有着明显差别，他们在选择所从事职业的倾向性、对未来工作的预期以及职业调整等方面也出现了差异。从已有关于农民工职业选择研究的文献来看，关注农民工职业选择影响因素代际差异的研究还不多，大多数研究集中在不同代际农民工职业特点、群体特征和就业心态的比较研究，而对不同代际农民工职业选择及决策深层影响因素的研究较少，因此有必要引入代际差异的视角，对农民工职业选择及城市融入影响因素的代际差异进行深入研究。本书利用“全国流动人口动态监测”数据和“珠三角城市外来工调查”数据，对两代农民工的职业选择、职业流动、职业收入、城市融入等状况及影响因素进行比较研究，结果表明，两代农民工无论是初次职业选择还是现职业选择，其职业结构、行业结构、职业目标和职业诉求、职业稳定性乃至当前工作条件、月均收入等方面都呈现出较为明显的差异。对其初次职业选择影响因素以及现职业选择影响因素的多项 Logistic 回归表明，家庭因素较多地影响着老一代农民工的职业选择，他们因为家庭原因比较注重获得一定的、较稳定的收入。而在新生代农民工的职业选择中，社会环境因素的影响较大，但也反映了其具有较强的家庭观念，并且比较关注工作条件。从其职业流动来看，老一代农民工发生垂直职业流动的程度要高于新生代农民工，且不同因素对两代农民工职业流动影响不同。从其城市融入来看，两代农民工的城市融入状况存在显著差异：与新生代农民工相比，老一代农民工城市融入状况较好。新生代农民工发生职业流动后的城市融入状况要好于老一代农民工。新生代农民工往往比老一代农民工具有更好的教育经历，对城市社会的生活方式也更加认同，更容易通过职业上升，缩小与城市居民的差距，实现自身的城市融入。拥有不同人力资本以及在不同区域务工的农民工，当他们的职业发生流动时，这种职业流动对他们的城市融入也会产生不同影响。农民工自身的经济状况、受教育程度、所从事的职业、社会网络也对其城市融入具有一定影响，而是否有稳定的住所对农民工的城市融入具有非常重要的意义。

第二节　对策建议

当前，农民工职业流动现象很频繁，但大多集中在职业声望较低的职业之间，并没有为农民工带来身份地位的提高。其中，制度、政府管理、法律、经济、社会以及农民工自身等方面因素被认为是农民工在就业方面处于弱势地位的主要原因。其中，制度因素主要包括当前的二元户籍制度以及与户籍制度相挂钩的其他保障类政策的差别；政府管理方面的因素主要体现为各个部门职能的缺失以及各部门之间联动配合的缺乏；法律方面的因素主要指的是当前的法律制度尚不健全，法律在执行的过程中也出现许多松弛；经济因素指的是劳动力市场的建设还不完善，劳动力的话语权较弱，处于被动地位；社会因素体现为对农民工群体的关注不够，农民工群体与城市互动渠道的贫乏；农民工自身的因素指的是个体能力素质的欠缺，观念意识的传统化。因此，为了使农民工通过职业垂直流动实现城市融入，完成其市民身份的转变，有必要从以下几个方面改善现有的制度和环境，为农民工提供一个良好的职业上升通道。

第一，加快户籍制度的改革，完善社会保障体系。农民工融入城市最根本的体现在于其市民身份的转变，即由农村居民转变为城市居民。然而，当前我国的户籍制度将农民工真正排斥在城市体系之外，公共服务的均等化没有得到真正的落实，农民工有着强烈的融入城市的主观愿望，然而城市体系对农民工的排斥也是客观存在的，这种排斥严重阻碍了农民工城市融入的进程。因此，要加快人口城镇化建设，必须尽快改变当前的城乡二元分割的户籍制度以及与其挂钩的各种社会福利保障体制，逐步建立覆盖城乡全体国民的社会保障体系。建立起城乡统一的基本制度，统一进行要素市场、基础设施的建设，从而取消限制农民工城市融入最根本的制度障碍。

第二，加强对农民工的就业培训，提高其职业能力。本书的研究结果表明，农民工垂直的职业流动能够通过提高其收入水平，加强其社会网络从而促进其城市融入。因此，为了加快农民工市民化，必须努力提高农民工的就业能力，加强对农民工的职业培训，增强其实现职业上升所必需的职业技能。为此，要建立农民工持续教育培训机制，特别是专业技能的培训，提高农民工的个人素质，增强他们的工作竞争力，使其有可能进入更加完善的初级劳动力市场，实现职业的垂直流动。这就要求我们一方面要继续维持和扩大政府对农民工教育的投资和支持，继续加大财政税收的补贴，引导农民工的积极参与；另一方面，还要通过相关法律的制定，或者政府为企业提供相应的补贴激励措施，鼓励其对农民工进行职业技能的持续培训，使农民工的职业技能得到实时更新，适应社会的发展变化以及劳动力市场不断更新的需求，从而为解决农民工劳动与生存问题提供保障机制①。

第三，完善劳动力市场，创建良好的职业流动环境。本书已经充分证明垂直的职业流动有利于促进农民工的城市融入。农民工的职业垂直流动是在基于

① 杨云彦，褚清华．外出务工人员的职业流动、能力形成和社会融合．中国人口资源与环境，2013（1）：78.

劳动力市场信息引导下的个人自主决定的流动，其实现有赖于公平的职业流动环境的建造。在市场化的今天，信息是现代社会的重要资源之一。首先，应当在全国范围内尽快建立劳动力信息汇总中心，对全国各地的招工用工信息进行定期的收集、汇总、通知和宣传。并且在农民工群体中宣传关于国家、地区各级政府出台的保护农民工的相关劳动法律和政策法规，运用政府的宣传力和保障力维护农民工的职业选择。其次，要建立和完善农民工职业中介机构，为农民工提供就业信息、就业指导、职业培训以及职业咨询等服务，避免由于缺乏中介机构的有效引导，农民工只能依赖有限的、传统的社会关系网络来寻求工作，使求职渠道过于单一、职业选择范围过于狭窄。

第四，充分发挥企业的桥梁作用，改善企业管理制度。本书的研究表明，相对完善的福利制度保障对农民工城市融入有着明显的促进作用。然而，我国当前的社会正处在转型阶段，有关农民工的劳动保障方面的法律法规相对缺乏，农民工群体本身的维权意识也比较薄弱，因此农民工在城市的福利保障一直处于无人监管实施的“真空”状态，在这种情况下有必要鼓励企业社会工作的介入。企业应该充分重视社会工作，承担必要的社会责任。为此，应该整合各种资源，利用各种相关主体的力量，为维护农民工的社会保障权益提供有力的支持。企业社会工作应该充分发挥其媒介沟通的作用，在政府主导的机制下，代表农民工向政府表达利益诉求，引导农民工争取自身的合法权益，使农民工和政府之间的沟通真正实现高效。在这个体系中还要重视企业管理制度的创新，不仅要确保农民工的日常生活有所保障，还要关注农民工精神上需求，真正做到企业和政府充分为农民提供服务和保障，使农民工从获得城镇就业机会走向职业上升，最终实现城市融入的新境界。

参考文献

［1］（美）格兰诺维特（Mark Granovetter）著，罗家德译．镶嵌——社会网与经济行动［M］．社会科学文献出版社，2007.

［2］Becker. Human Capital［M］. New york：NBER，1964.

［3］Biswajit Banerjee and Gabriella A. Bucci，On – the – Job Search in a Developing Country：An Analysis Based on Indian Data on Migrants，Economic Development and Cultural Change，Vol. 43，No. 3（Apr.，1995），pp. 565 – 583.

［4］Blau，A and M. Peter. Inequality and Heterogeneity. NewYork：The Free Press. 1977.

［5］Blumen I.，Kogan M.，McCarthy P. The Industrial Mobility of Labor as a Probability Process［M］. Cornell Univ. Press，Ithaca，1995.

［6］Celia McMichael and Lenore Manderson. Somali Women and Well – Being：Social Networks and Social Capital among Immigrant Women in Australia. Human Organization［J］. 2004（1）：88 – 99.

［7］Curtis，R. F. Occupational Moblity and Membership in Formal Voluntary Associations：A Note on Research. American Sociological Review，1959（11）：846 – 848.

［8］Deborah Cobb – Clark，Marie D. Connolly，Christopher Worswick，Post – Migration Investments in Education and Job Search：A Family Perspective，Journal of Population Economics，Vol. 18，No. 4（Dec.，2005），pp. 663 – 690.

［9］Denise Hare，The Determinants of Job Location and Its Effect on Migrants' Wages：Evidence from Rural China，Economic Development and Cultural Change，Vol. 50，No. 3（Apr.，2002），pp. 557 – 579.

［10］Duncan，Otis Dudley. 1961. "A Socioeconomic index for all occupations." pp. 109 – 138 in A. J. Reiss（ed.）Occupations and Social Status. New York：Wiley.

［11］Friedman R A，Krackhardt D. Social Capital and Career Mobility：A Structural Theory of Lower Returns on Education for Asian Employees［J］. Journal of Applied Behavioral Science, 1997, 33 (3): 316 –334.

[12] Futoshi Yamauchi and Sakiko Tanabe, Nonmarket Networks among Migrants: Evidence from Metropolitan Bangkok, Thailand, Journal of Population Economics, Vol. 21, No. 3 (Jul., 2008), pp. 649 –664.

[13] Gibbons, Robert and Michael waldman. Task – Specific Human Capital [J]. American Economic Review, 2004 (94): 203 –207.

[14] Hall Robert E. The Importance of Lifetime Jobs in the US Economy [J]. American Economic Review, 1982, 72 (9): 716 –724.

[15] Hans G. Bloemen, Job Search, Search Intensity, and Labor Market Transitions an Empirical Analysis, The Journal of Human Resources, Vol. 40, No. 1 (Winter, 2005), pp. 231 –269.

[16] Judge TA, Bretz R B Jr. Political Influence Behaviorand Career Success [J]. Journal of Management, 1994, 20 (1): 43 –65.

[17] Kenneth D. Roberts, The determinants of job choice by rural labor migrants in Shanghai, China Economic Review, 2001 (12), pp. 15 –39.

[18] Knight, John, Linda Yueh, "Job Mobility of Residents and Migrants in Urban China, Journal of Comparative Economics, 2004, 32, pp. 637 –660.

[19] Lawler, E. J. and J. Yoon. Commitment in Exchange Relations: Test of a Theory of Relational Cohesion [J]. American Sociological Review, 1996 (61): 89 – 108.

[20] Lin Nan. Building a Network Theory of Social Capital [M]. Connections, 1999.

[21] Magnus Lofstrom, Labor Market Assimilation and the Self – Employment Decision of Immigrant Entrepreneurs, Journal of Population Economics, Vol. 15, No. 1, Special Issue on Marginal Labor Markets (Jan., 2002), pp. 83 –114.

[22] MENG XIN, ZHANGJ S. The Two – Tier Labor Market in Urban China [J]. Journal of Comparative Economics. 2001 (29): 485 –504.

[23] Meng Xin, Jansen Zhang, *The Two – Tier Labor Market in Urban China*, Journal of Comparative Economics, 2001.

[24] Meng Xin, *The Informal Sector and Rural – Urban Migration—A Chinese Case Study*, Asian Economic Journal, 2002.

［25］ Min Zhou and Carl L. Bankston Ⅲ. Social Capital and the Adaptation: the Case of Vietnamese Youth in New Orleans. International Migration Review［J］. 1997（4）: 821 - 845.

［26］ Oded Stark and Robert E. B. Lucas, Migration, Remittances, and the Family, Economic Development and Cultural Change, Vol. 36, No. 3（Apr., 1988）, pp. 465 - 481.

［27］ Pennings JM, Lee K, WitteloostuijnA V. Human Capital, Social Capital and Firm Dissolution［J］. Academy of Management Journal, 1998, 41（4）: 425 - 440.

［28］ Portes, Alejandro Social Capital: The Origins and Applicationin Modern Sociology, Annual Review of Socioloy［J］. 1988（11）: 24.

［29］ Powell GN, Butterfield D A. Investigating the "GlassCeiling" Phenomenon: An Empirical Study of Actual Promotions to Top Management［J］. Academy of Management Journal, 1994, 37（1）: 68 - 86.

［30］ Slobodan Djajić. Assimilation of Immigrants: Implications for Human Capital Accumulation of the Second Generation, Journal of Population Economics, 2003（4）: 831 - 845.

［31］ Somik V. Lall, Harris Selod and Zmarak Shalizi, Rural - Urban Migration in Developing Countries: A Survey of Theoretical Predictions and Empirical Findings, World Bank Policy Research Working Paper 3915, May 2006, pp. 212 - 220.

［32］ Wang Xingzhou, An investigation into intergenerational differences between two generations of migrant workers, Social Sciences in China Vol. XXIX, No. 3, August 2008, pp. 136 - 156.

［33］ Wang Xingzhou, *An Investigation into Intergenerational Differences between Two Generations of Migrant Workers*, Social Sciences in China, 2008.

［34］ Wayne SJ, Liden RC, Kraimer M L, et al. The Role of Human Capital, Motivation and Supervisor Sponsorship in Predicting Career Success［J］. Journal of Organizational Behavior, 1999, 20（5）: 577 - 595.

［35］ Yao Yang, *Rural Industry and Labor Market Intergration in Eastern China*, Journal of Development Economics, 1999.

［36］ Yaohui Zhao, Labor Migration and Earnings Differences: The Case of Rural China, Economic Development and Cultural Change, Vol. 47, No. 4（Jul.,

1999), pp. 767 – 782.

[37] 白南生，李靖．农民工就业流动性研究 [J]．管理世界，2008 (7)：70 – 76.

[38] 边燕杰，张文宏．经济体制、社会网络与职业流动 [J]．中国社会科学，2001 (2).

[39] 边燕杰．城市居民社会资本的来源及作用：网络观点与调查发现 [J]．中国社会科学，2004 (3).

[40] 蔡昉，都阳，王美艳．劳动力流动的政治经济学 [M]．上海：上海人民出版社，2003.

[41] 蔡昉，都阳．迁移的双生动因及其政策含义——检验相对贫困假说 [J]．中国人口科学，2002 (4).

[42] 蔡昉．劳动力迁移的两个过程及其制度障碍 [J]．社会学研究，2001 (4)：31 – 35.

[43] 蔡禾，曹志刚．农民工的城市认同及其影响因素——来自珠三角的实证分析 [J]．中山大学学报 (社会科学版)，2009 (1).

[44] 陈飞强．城镇居民职业地位变迁的性别差异——基于全国综合调查数据的分析 [J]．山东女子学院学报，2011 (6).

[45] 陈卫，刘金菊．人口流动家庭化及其影响因素——以北京市为例 [J]．人口学刊，2012 (6)：3 – 8.

[46] 陈贤寿，孙丽华．武汉市流动人口家庭化分析及对策思考 [J]．中国人口科学，1996 (5)：44 – 47.

[47] 陈映芳．"农民工"：制度安排与身份认同 [J]．社会学研究，2005 (3)：123.

[48] 陈藻．我国农民工就业代际差异研究——以成都市为例 [J]．人口学刊，2011 (2)：75 – 82.

[49] 陈昭玖，艾勇波，邓莹，朱红根．新生代农民工就业稳定性及其影响因素的实证分析 [J]．江西农业大学学报 (社会科学版)，2011 (3)：7 – 12.

[50] 谌新民，袁建海．新生代农民工就业稳定性的工资效应研究 [J]．华南师范大学学报，2012 (5)：94.

[51] 成艾华，姚上海．农民工的代际差异分析 [J]．统计与决策，2005 (10)：61 – 63.

[52] 仇立平. 职业地位：社会分层的指示器——上海社会结构与社会分层研究 [J]. 社会学研究，2001 (3).

[53] 丁越兰，张莹，彭红兰. 农民工职业选择与人力资本存量的相关性分析 [J]. 新学术，2007 (4)：65-66，135.

[54] 杜鹏，丁志宏，李兵，周福林. 来京人口的就业、权益保障与社会融合 [J]. 人口研究，2005 (4)：53-61.

[55] 杜书云，张广宇. 就业歧视与农民工福利缺失问题分析 [J]. 农业经济问题，2004 (11).

[56] 杜书云，张广宇. 农民工代际差异问题调查与思考 [J]. 农村经济. 2008 (2)：100-104.

[57] 段成荣，杨舸，张斐，卢雪和. 改革开放以来我国流动人口变动的九大趋势 [J]. 人口研究，2008 (6)：30-43.

[58] 符健春，付萍. 人力资本与职业流动的关系研究：社会资本的角色 [J]. 人类工效学，2008 (8)：36.

[59] 符平，江立华. 农民工城市适应研究：局限与突破 [J]. 调研世界，2007 (6).

[60] 符平，唐有财. 倒"U"形轨迹与新生代农民工的流动 [J]. 浙江社会科学，2009 (12).

[61] 高君. 促进农民工就业与实现农民工市民化 [J]. 理论月刊，2008 (10)：178-181.

[62] 高文书. 人力资本与进城农民工职业选择的实证研究 [J]. 人口与发展，2009 (3)：38-43.

[63] 高颖. 农村富余劳动力的供需变动及分析 [J]. 人口研究，2008 (5).

[64] 龚文海. 农民工分层分类及其城市融入程度差异性研究 [J]. 河南教育学院学报，2014 (2).

[65] 郭江平. 农村人口流动家庭化现象探析 [J]. 理论探索，2005 (3)：56-58.

[66] 郭云涛. 农民非农初职间隔及其影响因素作用的代际差异——基于"CGSS2006"调查数据的实证研究 [J]. 中国人口科学，2010 (4)：87-95.

[67] 国务院研究室. 中国农民工调研报告 [M]. 北京：中国言实出版社，2006.

[68] 韩克庆. 农民工社会流动研究: 以个案访谈为例 [J]. 中国人民大学学报, 2006 (6): 30-32.

[69] 何军. 代际差异视角下农民工城市融入的影响因素分析——基于分位数回归方法 [J]. 中国农业经济, 2011 (6): 15-18.

[70] 何军. 江苏省农民工城市融入程度的代际差异研究 [J]. 农业经济问题, 2012 (1).

[71] 和丕禅, 郭金丰. 制度约束下的农民工移民倾向探析 [J]. 中国农村经济, 2004 (10): 64-68.

[72] 洪小良. 城市农民工的家庭迁移行为及影响因素研究——以北京市为例 [J]. 中国人口科学, 2007 (6): 42-50.

[73] 侯佳伟. 人口流动家庭化过程和个体影响因素研究 [J]. 人口研究, 2009 (1): 55-61.

[74] 黄乾. 工作转换对城市农民工收入增长的影响 [J]. 中国农村经济, 2010 (9): 21-31.

[75] 黄晓燕. 新市民社会融入维度及融入方式——以天津市外来人口为例 [J]. 社会科学家, 2010 (3): 100-104.

[76] 黄祖辉, 刘雅萍. 农民工就业代际差异研究——基于杭州市浙江籍农民工就业状况调查 [J]. 农业经济问题, 2008 (10): 51-59.

[77] 黄祖辉, 钱文荣, 毛迎春. 进城农民在城镇生活的稳定性及市民化意愿 [J]. 中国人口科学, 2004 (2).

[78] 纪韶. 举家外出的农民工融入城市问题研究——对在北京务工的500个农民工家庭的访谈数据分析 [J]. 经济理论与经济管理, 2012 (1): 20-27.

[79] 简新华, 黄锟. 中国农民工最新生存状况研究 [J]. 人口研究, 2007 (11).

[80] 江立华. 城市性与农民工的城市适应 [J]. 社会科学研究, 2003 (5): 57-61.

[81] 金崇芳. 农民工人力资本与城市融入的实证分析——以陕西籍农民工为例 [J]. 资源科学, 2011 (11): 2131-2137.

[82] 朗晓波. 从"生存"到"发展": 金融危机下的农民工问题——基于"60后""70后""80后"三代农民工进城心态的差异研究 [J]. 中国青年研究, 2009 (11): 34-39.

[83] 李波平，田艳平. 两轮“民工荒”的比较分析与启示 [J]. 农业经济问题，2011 (1).

[84] 李长安. 农民工职业流动歧视及对收入影响的实证分析 [J]. 人口与经济，2010 (6): 27-31.

[85] 李春玲. 当代中国社会的声望分层——职业声望与社会经济地位指数测量 [J]. 社会学研究，2005 (2).

[86] 李弘毅. 职业分层的方法论及其功能 [J]. 学术交流，2004 (12).

[87] 李路路. 论社会分层研究 [J]. 社会学研究，1999 (1).

[88] 李萌. 劳动力市场分割下乡城流动人口的就业分布与收入的实证分析 [J]. 人口研究，2004 (6): 83.

[89] 李培林，李炜. 我国农民工的经济地位、社会态度和社会政策的分析与对策 [J]. 社会发展，2007 (16).

[90] 李培林，李炜. 近年来农民工的经济状况和社会态度 [J]. 中国社会科学，2010 (1): 131.

[91] 李培林，田丰. 中国农民工社会融入的代际比较 [J]. 社会，2012 (5): 16.

[92] 李培林. 流动民工的社会网络和社会地位 [J]. 社会学研究，1996 (4).

[93] 李培湘. 农民工社会问题思考 [J]. 中外企业，2007 (3).

[94] 李强. 关于城市农民工的情绪倾向及社会冲突问题 [J]. 社会学研究，1995 (4): 63-67.

[95] 李强. 影响中国城乡流动人口的推力与拉力因素分析 [J]. 中国社会科学，2003 (1): 125-136.

[96] 李强. 中国大陆城市农民工的职业流动 [J]. 社会学研究，1999 (3): 93-95.

[97] 李强. 农民工与中国社会分层 [M]. 北京: 社会科学文献出版社，2004.

[98] 李强. 我国城市农民工劳动力市场研究 [J]. 大连民族学院学报，2000 (7): 47-50.

[99] 李强. 影响中国城乡流动人口的推力与拉力因素分析 [J]. 中国社会科学，2003 (3).

[100] 李涛，任远. 城市户籍制度改革与流动人口社会融合 [J]. 南方人口，2011 (3)：17 – 19.

[101] 李伟东. 消费、娱乐和社会参与——从日常行为看农民工与城市社会的关系 [J]. 城市问题，2006 (8).

[102] 梁波，王海英. 城市融入：外来农民工的市民化——对已有研究的综述 [J]. 人口与发展，2010 (4)：74 – 77.

[103] 廖根深. 当代青年职业流动周期的研究——兼论当代中国青年职业发展的三个阶段 [J]. 中国青年研究，2010 (1).

[104] 林坚，葛晓巍. 我国农民的职业流动及择业期望 [J]. 浙江大学学报，2007 (2)：110 – 117.

[105] 刘成斌，卢福营. 非农化视角下的浙江农村社会分层 [J]. 中国人口科学，2005 (5).

[106] 刘成斌. 生存理性及其更替——两代农民工进城心态的转变 [J]. 福建论坛（人文社会科学版），2007 (7)：132 – 135.

[107] 刘传江，程建林. 我国农民工的代际差异与市民化 [J]. 经济纵横，2007 (4).

[108] 刘传江，徐建玲. 第二代农民工及其市民化研究 [J]. 中国人口·资源与环境，2007 (1)：6 – 10.

[109] 刘传江，徐建玲. “民工潮”与“民工荒”——农民工劳动供给行为视角的经济学分析 [J]. 财经问题研究，2006 (5).

[110] 刘传江，程建林. 第二代农民工市民化现状分析与进程测度 [J]. 人口研究，2008 (5)：48.

[111] 刘传江，周玲. 社会资本与农民工的社会融合 [J]. 人口研究，2004 (5)：12 – 18.

[112] 刘传江. 新生代农民工的特点、挑战与市民化 [J]. 人口研究，2010 (2)：34 – 39.

[113] 刘丁，谭琳. 人力资本存量对我国劳动者收入分层的影响 [J]. 人口与经济，2001 (4).

[114] 刘靖. 农民工家庭迁移模式与消费支出研究——来自北京市的调查证据 [J]. 江汉论坛，2013 (7)：98 – 103.

[115] 刘士杰. 人力资本、职业搜寻渠道、职业流动对农民工工资的影响

[J]. 人口学刊, 2011 (5): 22.

[116] 陆学艺. 当代中国社会阶层研究报告 [M]. 北京: 社会科学文献出版社, 2002.

[117] 陆学艺. 当代中国社会十大阶层分析 [J]. 学习与实践, 2002 (3).

[118] 陆学艺. 当代中国社会流动 [M]. 北京: 社会科学文献出版社, 2004.

[119] 陆学艺. 农民工问题要从根本上治理 [J]. 特区理论与实践, 2003 (7): 31-36.

[120] 麦克南·布鲁·麦克非逊. 当代劳动经济学 (第七版) [M]. 北京: 人民邮电出版社, 2006.

[121] 苗旭, 董新泽. 职业选择理论与大学生就业指导 [J]. 辽宁高职学报, 2005 (3): 152-154.

[122] 潘寄青, 谭海燕, 李娜. 新生代农民工城乡转移及就业路径探析 [J]. 当代青年研究, 2009 (2).

[123] 庞元正, 丁冬红主编. 当代西方社会发展理论新词典 [M]. 长春: 吉林人民出版社, 2001.

[124] 彭安明, 朱红根, 康兰媛. 农民工城市融入的影响因素及其代际差异 [J]. 湖南农业大学学报, 2014 (10).

[125] 戚迪明, 张广胜. 农民工流动与城市定居意愿分析 [J]. 农业技术经济, 2012 (4): 50.

[126] 钱文荣, 张忠明. 农民工在城市社会的融合度问题 [J]. 浙江大学学报: 人文社会科学版, 2006 (7): 115-121.

[127] 钱雪飞. 新生代农民工收入情况及影响因素 [J]. 当代青年研究, 2010 (3): 15-21.

[128] 任太增, 刘新争. 进城农村劳动力代际差异的实证研究 [J]. 经济问题, 2009 (1): 80-83.

[129] 任远, 陶力. 本地化的社会资本与促进流动人口的社会融合 [J]. 人口研究, 2012 (5): 84-89.

[130] 任远. 谁在城市中逐步沉淀了下来: 对城市流动人口个人特征及居留模式的分析 [J]. 吉林大学社会科学学报, 2008 (4): 41-43.

[131] 邵岑, 张翼. "八零前"与"八零后"流动人口家庭迁移行为比较

研究［J］. 青年研究，2012（4）：1－11.

［132］盛亦男．中国流动人口家庭化迁居［J］. 人口研究，2013（7）：66－79.

［133］宋惠敏．中国农民工经济收入分层化实证研究［J］. 特区经济，2011（3）.

［134］宋健．中国流动人口的就业特征及其影响因素［J］. 人口研究，2010（6）：33－37.

［135］宋林飞．中国农村劳动力的转移与对策［J］. 社会学研究，1996（2）.

［136］孙琼如．外来农村妇女职业流动及其影响因素分析——以泉州市流动人口为例［J］. 市场与人口分析，2007（4）：21－22.

［137］谭深．农村劳动力流动的性别差异［J］. 社会学研究，1997（1）.

［138］唐灿，冯小双．"河南村"流动农民的分化［J］. 社会学研究，2000（4）.

［139］田国秀．试论判断教师社会地位的标准［J］. 高校理论参考，1994（12）.

［140］田凯．关于农民工的城市适应性调查分析与思考［J］. 社会科学研究，1995（6）：90－95.

［141］田艳平，杨云彦．外来人口的职业流动与就业适应——以武汉为例的实证研究［J］. 西北人口，2006（5）：21－24.

［142］田艳平．城市外来人口的职业分层与收入分异研究［J］. 湖北成人教育学院学报，2006（9）.

［143］田艳平．农民工职业选择影响因素的代际差异［J］. 中国人口·资源与环境，2013（1）：81－88.

［144］王春光．农民工的社会流动和社会地位的变化［J］. 江苏行政学院学报，2003（4）：79－81.

［145］王春光．新生代农村流动人口的社会认同与城乡融合的关系［J］. 社会学研究，2001（3）：31－32.

［146］王春光．中国职业流动中的社会不平等问题研究［J］. 中国人口科学，2003（2）：29－31.

［147］王春光．新生代农村流动人口的外出动因与行为选择［M］. 社会科学文献出版社，2003.

［148］王佃利，刘保军，楼苏萍．新生代农民工的城市融入——框架建构与调研分析［J］．中国行政管理，2011（2）：111－115．

［149］王东，秦伟．农民工代际差异研究——成都市在城农民工分层比较［J］．人口研究，2002（5）．

［150］王桂新，罗恩立．上海市外来农民工社会融合现状调查分析［J］．华东理工大学学报（社会科学版），2007（3）：97－104．

［151］王华．发达地区农村劳动力转移与迁移意愿分析［J］．南方人口，2008（4）．

［152］王华．郊区农村劳动力乡城迁移意愿研究［J］．城市问题，2008（10）．

［153］王培刚，庞荣．都市农民工家庭化流动的社会效应及其对策初探［J］．湖北社会科学，2003（6）：67－68．

［154］王倩．新生代农民工和“民工荒”［J］．理论研讨，2010（12）．

［155］王文信，徐云．农民工就业影响因素分析——对安徽阜阳农村的调查［J］．农业经济问题，2008（1）：85－90．

［156］王毅杰，童星．流动农民职业获得途径及其影响因素［J］．江苏社会科学，2003（3）．

［157］王正中．“民工荒”现象与新生代农民工的理性选择［J］．理论学刊，2006（9）．

［158］魏万青，陆淑珍．禀赋特征与机会结构——城市外来人口社会融合的代际差异分析［J］．中国农村观察，2012（1）：13－16．

［159］吴华安，杨云彦．中国农民工“半城市化”的成因、特征与趋势：一个综述［J］．西北人口，2011（4）．

［160］吴愈晓，吴晓刚．城镇的职业性别隔离与收入分层［J］．社会学研究，2009（4）．

［161］吴云超，金彦平．基于人力资本和社会资本耦合视角下的农民工就业的思考［J］．宏观经济，2010（11）．

［162］吴正俊．个人收入分层化与经济社会的持续发展探析［J］．生产力研究，2004（3）．

［163］谢启文．“80后”农民工的社会认同与城市融入［J］．重庆社会科学，2011（12）．

[164] 谢勇. 农民工就业流动的工资效应研究——以南京市为例 [J]. 人口与发展, 2009 (4): 59-60.

[165] 熊彩云. 农民工城市定居转移决策因素的推—拉模型及实证分析 [J]. 农业经济问题, 2007 (3): 74-81.

[166] 徐志旻. 进城农民工家庭的城市适应性: 对福州市五区132户进城农民工家庭的调查分析与思考 [J]. 福州大学学报: 哲学社会科学版, 2004 (1): 106-111.

[167] 许经勇, 任伯强, 黄焕文. 我国农民收入增幅下降的阶段性原因 [J]. 广东社会科学, 2001 (1).

[168] 许昆鹏, 黄祖辉, 贾驰. 农村劳动力转移培训的市场机制分析及政策启示 [J]. 中国人口科学, 2007 (2).

[169] 严善平. 城市劳动力市场中的人员流动及其决定机制——兼析大城市的新二元结构 [J]. 管理世界, 2006 (8): 37-39.

[170] 颜海林, 周建武. 新生代农民工就业创业权益维护的调查与思考 [J]. 中国青年研究, 2009 (9).

[171] 杨国勇. 我国两代农民工城市就业的差异及特点分析 [J]. 北京劳动保障职业学院学报, 2007 (3): 18-19, 23.

[172] 杨慧玲. 新生代农民工的职业选择与职业流动——以福建省厦门市为例 [J]. 南方论坛, 2011 (1).

[173] 杨菊华, 陈传波. 流动人口家庭化的现状与特点: 流动过程特征分析 [J]. 人口与发展, 2013 (3): 3-13.

[174] 杨菊华. 从隔离、选择融入到融合: 流动人口社会融入问题的理论思考 [J]. 人口研究, 2009 (1): 17-29.

[175] 杨菊华. 对新生代流动人口的认识误区 [J]. 人口研究, 2010 (2): 44-53.

[176] 杨思远. 中国农民工的政治经济学考察 [M]. 北京: 中国经济出版社, 2005.

[177] 杨晓军, 陈浩. 农民工就业培训的投资决策模型及实证分析 [J]. 中国人口科学, 2008 (6): 63-68.

[178] 杨绪松, 靳小怡, 肖群鹰, 白萌. 农民工社会支持与社会融合的现状及政策研究——以深圳市为例 [J]. 中国软科学, 2006 (12): 18-26.

[179] 杨云彦，石智雷．家庭禀赋对农民工外出务工行为的影响［J］．中国人口科学，2008（5）．

[180] 杨云彦，褚清华．外出务工人员的职业流动、能力形成和社会融合［J］．中国人口资源与环境，2013（1）：78．

[181] 杨云彦．农民工：一个跨越城乡的新兴群体［J］．人口研究，2005（4）．

[182] 杨竹，陈鹏．转型期农民工外出就业动机及代际差异——来自珠三角、长三角及中西部地区农民工的实证调查分析［J］．农村经济，2009（9）：15－19．

[183] 姚俊．“路在何方”新生代农民工发展取向研究——兼与老一代农民工的比较分析［J］．青年研究，2010（6）：31－38．

[184] 姚婷，朱浩，张日新．农民工永久性迁移意愿研究［J］．学术研究，2013（5）：88－91．

[185] 姚先国，俞玲．农民工职业分层与人力资本约束［J］．浙江大学学报（人文社会科学版），2006（5）：16－22．

[186] 殷晓清．农民工就业模式对就业迁移的影响［J］．人口研究，2001（3）：54－62．

[187] 尹德挺．北京市流动人口的空间流动和职业流动［J］．北京社会科学，2007（4）．

[188] 于素芳，陈文龙．80后新生代群体内潜在冲突与对策探讨——以农民工和大学生为例［J］．淮北煤炭师范学院学报，2008（6）．

[189] 袁霓．家庭迁移决策分析——基于中国农村的证据［J］．人口与经济，2008（6）：15－20．

[190] 袁亚愚．中国农民的社会流动［M］．成都：四川大学出版社，1994．

[191] 悦中山，李树茁，费尔德曼，杜海峰．徘徊在“三岔路口”：两代农民工发展意愿的比较研究［J］．人口与经济，2009（6）：58－64．

[192] 曾绍阳，唐晓腾．社会变迁中的农民流动［M］．南昌：江西人民出版社，2004．

[193] 曾旭晖．非正式劳动力市场人力资本研究——以成都市进城农民工为个案［M］．中国农村经济，2004（3）．

[194] 詹勇．新生代农民工如何更好地融入城市［J］．中国职工教育，2011（8）．

[195] 张航空，杜静宜．家庭流动对流动人口家庭成员就业状况的影响[J]．人口与经济，2012（5）：40－46.

[196] 张航空，李双全．流动人口家庭化状况分析［J］．南方人口，2010（6）：40－45.

[197] 张蕾，王燕．新生代农民工城市融入水平及类型分析——以杭州市为例［J］．农业经济问题，2013（4）：23－28.

[198] 张涛．农民工群体内部分层及其影响：以收入分层为视角——武汉市农民工思想道德调查分析报告［J］．青年研究，2007（6）.

[199] 张宛丽．非制度因素与地位获得——兼论现阶段中国社会分层结构［J］．社会学研究，1996（1）.

[200] 张文宏，雷开春．城市新移民社会融合的结构、现状与影响因素分析［J］．社会学研究，2008（5）：1－25.

[201] 张文宏．城市居民社会网络资本的阶层差异［J］．社会学研究，2005（4）：74－75.

[202] 张新岭，俞宪忠．农民工就业相关问题研究综述［J］．价格月刊，2008（4）：60－63.

[203] 张永丽，黄祖辉．新一代流动劳动力的特征及流动趋势——来自甘肃省10个样本村的调查与分析［J］．中国人口科学，2008（2）：80－87.

[204] 张振宇，陈岱云，高功敬．流动人口城市融入度及其影响因素的实证分析——基于济南市的调查［J］．山东社会科学，2013（1）：28－40.

[205] 张智勇．社会资本与农民工职业搜寻［J］．财经科学，2005（1）：118.

[206] 赵树凯．1997年农民工流动：新阶段新问题［M］．北京：社会科学文献出版社，1997.

[207] 赵延东，王奋宇．城乡流动人口的经济地位获得及决定因素［J］．中国人口科学，2002（4）.

[208] 郑杭生．社会学概论新修［M］．北京：人民大学出版社，1994.

[209] 周菲．城市农民工收入与健康：职业地位的影响［J］．经济论坛，2009（22）.

[210] 周皓．中国人口迁移的家庭化趋势及影响因素分析［J］．人口研究，2004（6）：60－69.

［211］周皓．流动人口社会融合的测量及理论思考［J］．人口研究，2012（3）：27.

［212］周可，王厚俊．两代农民工流动动因与择业期望代际差异的比较［J］．统计与决策，2009（16）：88－90.

［213］周其仁．机会与能力——中国农村劳动力的就业与流动［J］．管理世界，1997（5）.

［214］周玉．社会网络资本与干部职业地位获得［J］．社会，2006（1）.

［215］周运清，王培刚．农民工进城方式选择及职业流动特点研究［J］．青年研究，2002（9）44－45.

［216］朱红根，翁贞林，陈昭玖．政策支持对农民工返乡创业影响的实证分析——基于江西调查数据［J］．江西农业大学学报（社会科学版），2011（3）.

［217］朱力．论农民工阶层的城市适应［J］．江海学刊，2002（6）：82－88.

［218］朱力．准市民的身份定位［J］．南京大学学报，2000（6）：113－122.